有元家のお弁当

有元葉子

文化出版局

うちのお弁当の作り方

娘たちが中学高校の間、ずっとお弁当を作っていました。姪もうちから高校に通っていたので、彼女のお弁当作りもしていました。なんだか評判だったようで、お昼どきになるとお友達がお弁当をのぞきに来たとか。私も楽しんで作っていたのです。

お弁当作りが好きです。同じお料理でも、お皿に盛りつけるのと、箱に詰めるのとでは何かが違う気がします。どちらも楽しいのですけれど、違う楽しさがある。そう、「楽しむかどうか」なのだと思います。そこにお弁当上手になれる秘密がある気がする。

朝が苦手なので、「前の晩」を有効利用

そんな私も実は朝が苦手で、お弁当作りは(楽しいけれど)大変でもありました。ですから、つらくなく、いかに楽に作るかを考えました。

早起きは苦手なので、「前の晩」にできることをやってしまいます。

肉団子やシュウマイなど、お弁当に入れられそうなものを夕飯に作ったときは、いくつかお弁当用に取り分けておく。

野菜の下ごしらえをしておく。朝起きて野菜を切るところから始めるのは大変です。切ったり、ゆでたり、蒸したりはできるだけ前夜のついでの仕事としてやっておくに限ります。

お弁当セットを作っておく。たとえばしょうが焼きのお弁当を作ろうと思ったら、豚肉、しょうが、細切りにしたキャベツ、副菜に使うラディッシュやきゅうり、ちくわなどをバットにひとまとめにしておきます。こうしておくと、朝起きて冷蔵庫からバットを取り出せば一目で何をすればよいかわかり、すぐにお弁当作りが始められます。こうしておけば朝は頭が回らなくても大丈夫です。実際この方法に私は本当に助けられました。

「隙間のおかず」の大切さに気がつきました

お弁当で重要なのは、メインのおかずよりもむしろ脇役です。

たとえば、鶏のから揚げ、という大きな柱をひとつ立てて、お弁当箱の中がそのひとつとミニトマトだったとしたら……食べていて、とても単調だと思います。でもそこに、青菜のあえ物などが入れば、味と色のアクセントができて、ご飯もから揚げもいっそうおいしく食べられる。

だから、お弁当には、ちょこちょことした「隙間のおかず」がとても大事なのです。

きゅうりのぬか漬け、ピクルス、梅干しなどの漬物。煮大豆、青菜のあえ物、ひじきなどの煮物。冷蔵庫や冷凍庫に作ってあるものは、「隙間のおかず」に重宝します。

たらこを一腹残しておいたり、かぼちゃを蒸して冷凍しておいたり、おひたしを残しておいたり、好みのわさび漬けを買っておいたり、いちごやぶどうを少しとっておいたり。「隙間のおかず」になりそうなものを、いつも少しずつ用意しておくことが意外な効果を発揮します。

「隙間のおかず」が入ることで、お弁当が華やいだり、引き締まったりしてすてきになります。メインのおかずやご飯を詰めて、ちょっと空いてしまった「隙間」に何を入れるかで、その家のお弁当の個性が出ます。といってもなんでもよくて、果物でも甘いものでも、食べる人の好きなものを少し入れればいいのです。「うちのお弁当」の完成です。

どんな場合も「色合い」が大事です

お弁当を作るときは、まず「色」を考えます。茶、緑、赤の3色が入っていると、見た目はもちろん、味のバランスもとりやすいです。

茶色からベージュは、肉や魚や豆類のたんぱく質源となるおかずです。メインのおかずです。

緑は野菜。さまざまな野菜を、水気が出ない工夫をして詰めます。

赤は梅干し、トマト、ラディッシュ、赤梅酢に漬けたみょうが、紅しょうがなど。ほんの少し赤が入ることで、ふたを開けたときに「おいしそう！」と目が喜ぶお弁当になります。

以上の3色に、たまに黄色が入ると、お弁当が一気に明るく楽しくなります。黄色は、卵やかぼちゃや黄色いパプリカなど。

和のお弁当でも、パスタやパンや焼きそばのお弁当でも、どんなときも「色合い」を大切に。これがわが家のお弁当です。

目次

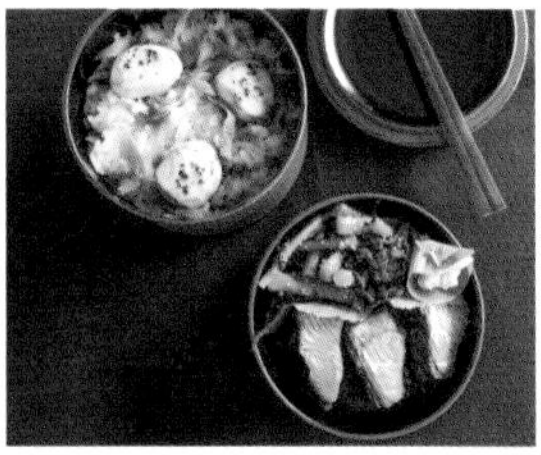

・本書で使用している計量カップは200mℓ、計量スプーンの大さじ１は15mℓ、小さじ１は5mℓです。1mℓ＝1cc。
・メープルシロップはゴールデンを使います。
　砂糖で代用するときはメープルシロップの分量よりも少し少なめに入れるとよいです。
・オリーブオイルはエキストラバージンオリーブオイルを使用しています。

鶏つくね弁当

「人気おかず」を引き立てるお弁当のコツ

つくねにはしめじを埋めこんで

鶏のつくねは昔からうちの定番。子どもたちも大好きで、お弁当のおかずの中でいちばん印象に残っているようです。わが家の鶏つくねは、しめじをちょこんと埋め込むのです。工夫と言えるほどのことでもないですが、きのこのついたお団子のかわいらしさが喜ばれました。お弁当は特に見た目もおいしさのうちです。

夕飯のおかずに鶏つくねを作り、丸めたタネをお弁当用にいくつか残しておくといいですね。あるいは夜のうちに、つくねを焼いてしまっても大丈夫です。朝、味をからめればいいです。

海苔弁は二段がうれしい

つくねの甘辛い味には、海苔の香りがよく合います。だからご飯は海苔弁。つくねのたれをご飯に少しかけるのを忘れずに。

私は海苔弁のときは必ずと言っていいほど、ご飯の間にも海苔を敷いて二段にします。海苔が好きなので、上にのっているだけでは満足できなくて。お弁当箱のふたを開けると、ぷうんと海苔のいい香り。海苔二段弁当は食べる人を幸せにします。

味と色をバランスよく。おいしいお弁当の決め手です

鶏つくねもそうですが、主役となるおかずは茶色いものが多いです。言い換えれば、「お弁当には茶色いおかずがおいしい」のです。茶色をメインに、緑(野菜)、赤(梅干し、いちご、ラディッシュなど)、黄(卵、かぼちゃ、大豆など)と色の違う副菜をいくつか詰めると、見た目もおいしそうですし、味のバランスも自然にとれてきます。

味のバランスを考えることも大事です。しょっぱいもの(しょうゆ味、塩味)、酸っぱいもの、甘いもの、コクのあるもの、さっぱりとしたもの、みずみずしいもの……。ひとつの箱の中にいろいろな味があると、食べ進めるのが楽しくて、「全体でおいしい」満足感のあるお弁当になります。これ、大事。

いちご
ひと粒でも、甘さ、みずみずしさ、赤いきれいな色——の3要素で存在意義が大きいです。

いちごの葉っぱ
仕切りに自然素材を使うだけで、お弁当がぐんとすてきに見えます。プランターで育てているいちごの葉っぱを摘んできて使いました。

鶏つくね
主役のおかずは、甘辛味をからめて焼いた鶏つくね。

海苔二段弁当
ご飯は海苔弁。しかもご飯の間にも海苔が敷かれている二段弁当。鶏つくねとよく合うのです。

酢大豆
よく作っておく常備菜のひとつ。自分でゆでた大豆はとてもおいしいです。粒々のかわいらしさ、酸っぱさ、歯ごたえが、お弁当の見た目と味のアクセントになります。栄養的にも満点です。

きゅうりの塩もみ
甘辛味のおかずが主役のときは、しゃきしゃき、さくっとした歯ごたえのさわやかなものが欲しい。生のきゅうりをそのまま入れるのでは味気ないですが、切って塩でもむだけでOK。「緑の野菜がない」「時間もない!」ときはこれです!

梅干し
自家製があればぜひ。市販品なら、なるべく甘みなどを加えない素朴な味のものを選びます。

鶏つくね

白いご飯に本当によく合う、お弁当のおかずの王様です。しめじのほか、ゆでたけのこ、れんこんの端っこの薄切りなどを貼りつけて焼いても楽しい。作り方**1**〜**3**までは前夜にしておいてもよいです。

材料　1人分

〈鶏つくね〉

　鶏ひき肉　100g

　長ねぎのみじん切り　大さじ山盛り1

　しょうがのみじん切り　小さじ1

　片栗粉　小さじ1½

しめじ　5〜6本

太白ごま油　小さじ1〜2

酒　大さじ1

メープルシロップ　小さじ2

　＊またはみりん　大さじ1

しょうゆ　大さじ1

○事前にできること

1　ボウルに鶏つくねの材料を入れて、よく練り混ぜる。ぬらした手で大きめの一口大に丸め、バットやトレイにのせ、ラップをかけて冷蔵庫に入れる。

○当日

2　フライパンを温めて、油をひく。つくねをひとつずつ並べ入れ、上にしめじをのせて軽く指で押し込む。

3　へらでつくねを少し動かして、中火で焼く（最初に置いた場所から少しだけ動かすと、肉がフライパンにくっつきにくい）。

4　下になっている面に焼き色がついたら返し、酒、メープルシロップ（またはみりん）を加えて強火にする。

5　調味料が沸いたら火を弱め、しょうゆを加える。

6　全体にたれが行き渡り、泡立ってきたら、つくねを再び返す。フライパンを動かしながらたれをからめる。

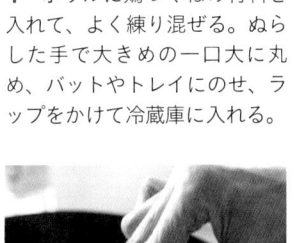

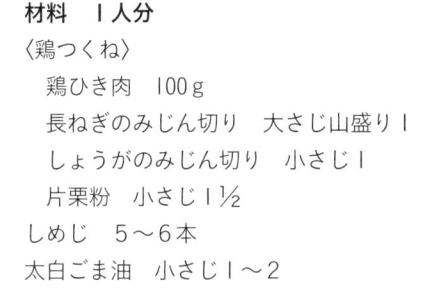

常備菜 酢大豆

○大豆をゆでる

1　大豆1袋はたっぷりの水につけて、一晩おいてもどす。夏場は冷蔵庫に入れてもどす。

2　翌日、つけた水ごと鍋に入れ、弱火にかける。泡やアクが浮いてきたらていねいにすくい取って、静かにゆでる。食べてみて、少しコリッとした歯ごたえが残るぐらいに火が通ったら、ゆで上がり。

3　冷めたら、そのときに使う分は取り分け、残りは冷凍保存する。一度に使う量に小分けにし、ゆで汁ごと冷凍用保存袋に入れて、空気を抜いて冷凍庫へ。

○酢大豆

ゆでた大豆を清潔な容器に入れ、米酢をひたひたに加えて漬ける。漬けてすぐから長期間食べられる。保存は冷蔵庫で7〜8日。ふだんのおかずには、酢大豆を大根おろしと一緒に食べると美味。お弁当には、ペーパータオルで水気をおさえてから詰める。

きゅうりの塩もみ

きゅうり½本を乱切りにしてボウルに入れ、塩少々をふって少しおく。きゅうりがしんなりしたら、しっかり水気を絞る。

詰め方

1おかずの入るスペースを端に残して、お弁当箱の深さの⅓ぐらいまでご飯を詰める。**2**ご飯の上に海苔をちぎってのせ、上にご飯をかぶせる。**3**鶏つくねのフライパンに残ったたれをご飯に適量かけて、ちぎった海苔をのせる。**4**きゅうりの塩もみ、酢大豆、いちごを詰める。**5**ご飯の上に鶏つくねをのせて、梅干しを添える。

から揚げ弁当

水気を出さないおかずの工夫をしました

青菜のおかずを持っていくには？　その1・おかか編

長女が高校生になったとき、自分の好きなお弁当箱で持っていきたいと言いだしました。塗りの楕円形のお弁当箱です。漆塗りですから、プラスチックやアルミ素材よりもさらに水気をカバーできません。それで、おかずから水気が出ないようにといろいろ考えました。

そのひとつが「ほうれん草、おかかじょうゆ」(作り方は14ページ)です。ほんのわずかなしょうゆを含ませたかつお節と、ゆでた青菜を隣り合わせでお弁当箱に詰めます。食べるときに一緒に口に入れると「おひたし」になります。形状が自由になるので、隙間おかずとしてもうってつけです。

これなら青菜から水気が出ないし、青菜の色もきれいだし、しょうゆを含ませたかつお節は白いご飯にもよく合います。一石三鳥のアイデアです。これは小松菜、菜の花、スナップえんどう、アスパラガス、ブロッコリーなど、いろいろな青菜に応用できます。

青菜のおかずを持っていくには？　その2・しょうゆ洗い

「しょうゆ洗い」という下ごしらえが便利です。ほうれん草のおひたしを作るときなどに、ゆでて冷水にとったほうれん草の水気をしっかり絞り、次にバットにしょうゆを大さじ2杯ぐらい入れて、この中にほうれん草を浸してしょうゆを全体になじませます。そしてぎゅっと、しっかり絞る。これがしょうゆ洗いです。

しょうゆ洗いをすると、ゆでた青菜の水っぽさがなくなるので、これをしてから、おひたしにしたり、白あえに入れたりすると一味違います。

お弁当に青菜を入れたいときは、「しょうゆ洗い」をした状態で入れるとおいしいことに気がつきました。青菜をゆでて食べやすく切り、しょうゆで洗い、水気をしっかり絞ってお弁当に入れます。ほのかなしょうゆの風味がついた野菜がおいしく、青菜から水気が出る心配もなしです。「ほうれん草のごまあえ」(37ページ)も、「クレソンのしょうゆあえ」(41ページ)もしょうゆ洗いをしています。

ゆでスナップえんどう
しょうゆ味のおかずがいくつかあるので、ゆでただけで。きれいな緑が映えますし、口がさっぱりするし、野菜のほのかな甘みが美味。

から揚げ・
ゆずこしょう味
主役は鶏のから揚げ。下味をつけず、鶏肉に粉をまぶして揚げ、揚げたてをゆずこしょう+しょうゆにつけます。少しピリ辛でくせになるおいしさ。

ラディッシュの甘酢漬け
「赤」を加えたくてラディッシュを。軽くたたいて、甘酢に漬けておくだけで一品に。

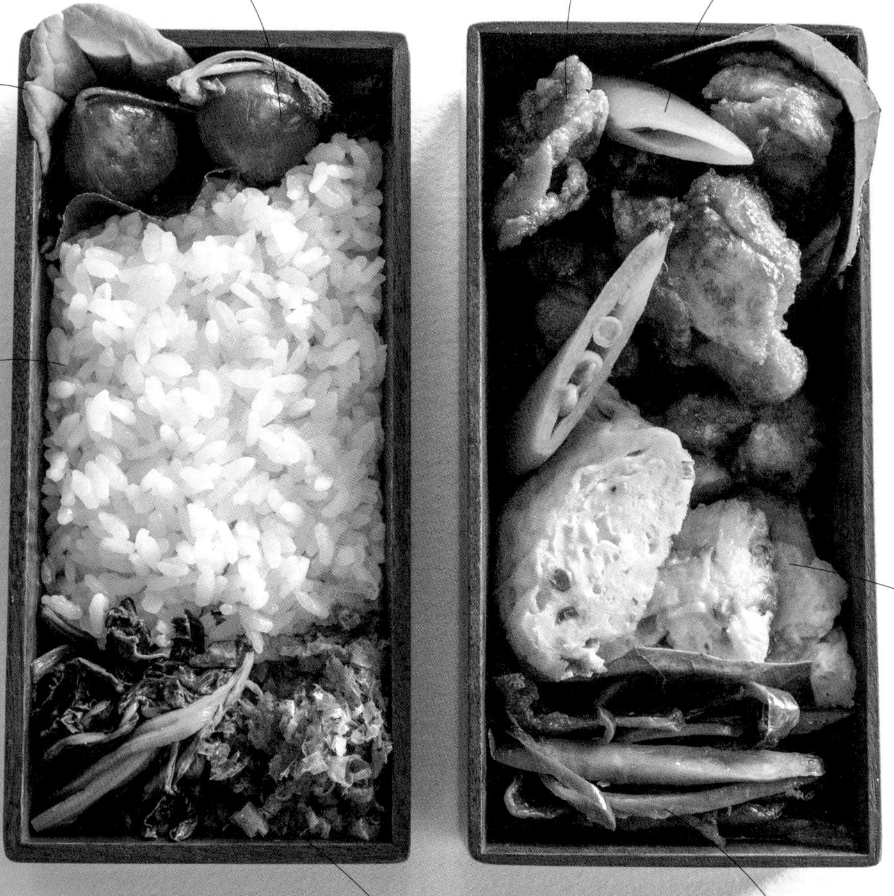

サラダ菜

白いご飯

卵焼き（あさつき入り）
定番おかずの卵焼き。冷蔵庫に少し残っていたあさつきを刻んで入れました。

ごぼうとピーマンのきんぴら
冷蔵庫に入っている常備菜のひとつ。しっかりめの味つけにしておくとお弁当に合います。

ほうれん草、
おかかじょうゆ
これは本当におすすめです。ゆでたほうれん草を、別添えにしたおかかじょうゆと一緒に口に入れます。お弁当を食べるときに、まさにできたての「おひたし」を味わえます。

から揚げ・ゆずこしょう味

材料　作りやすい分量
鶏もも肉　1枚
片栗粉、薄力粉　各適量
揚げ油　適量
ゆずこしょう　大さじ½
しょうゆ　大さじ1弱
スナップえんどう　適量

1　鶏肉を4等分ほどに切ってバットに入れる。片栗粉、薄力粉を同量ずつぐらい(目分量でよい)入れて粉をしっかりまぶしつける→**A**。
2　小さめのフライパン(直径20cm)に揚げ油を入れ、中火にかける。すぐに(油がぬるいうちに)**1**の鶏肉を、皮を外側にして丸めて入れる。全量を一度に入れて、色づいたら返し、ぬるい油からゆっくり揚げて中まで火を通す→**B**。
3　ボウルにゆずこしょう、しょうゆを混ぜる。
4　鶏肉がおいしそうに揚がったら、油を軽くきって、あつあつのうちに**3**のボウルに入れ、味をからめる→**C**。
5　スナップえんどうを塩ゆでし、ざるに上げて冷ます。斜め半分に切り、から揚げと一緒にお弁当に入れる。
●時間がたってもおいしいから揚げ。多めに作っておいて、夜食べてもいい。

A

D

B

E

C

F

ほうれん草、おかかじょうゆ

材料　1～2人分
ほうれん草　½束
削り節　小2袋
しょうゆ　少々

●事前にできること
1　ほうれん草は根元を冷水につけてシャキッとさせる。水気をきって、ざるを重ねたボウルに入れ、ステンレスのプレートでふたをして冷蔵庫に入れておく。あるいは、ペーパータオルを敷いたふたつきの保存容器に入れて、冷蔵庫に入れておく。
●当日
2　湯を沸かし、塩少々を入れて、ほうれん草をゆでる。色が鮮やかになったらすぐに引き上げて冷水にくぐらせ、ざるに上げ、水気をしっかり絞る。4cmほどの長さに切る。

3　ボウルに削り節を入れて、しょうゆを一滴加えては混ぜる、を繰り返し、削り節がしっとりすればよい。下にしょうゆがたまらないように少しずつがコツ→DE。
4　ほうれん草の水気をもう一度絞ってお弁当に詰め、3のおかかじょうゆを添える。
●削り節は、使う直前にかつお節を削ると風味がだんぜん違う。かつお節はぬらして絞ったペーパータオルで包み、さらにラップで包んで常温で保存する。1本あれば1年ぐらいは充分に使えて、リーズナブルでおいしいのでおすすめ→F。

ラディッシュの甘酢漬け

漬けて3〜4日もつので、前もって作っておけます。

材料　1人分
ラディッシュ　2〜3個
塩　少々
米酢　大さじ1
メープルシロップ　小さじ1

1　ラディッシュは麺棒などで軽くたたいて割れ目をつける。ボウルに入れて塩をふる。
2　米酢とメープルシロップを混ぜ合わせる。
3　ラディッシュから水気が出て塩がなじんだら、水気を絞って2に加えて漬けておく。お弁当に詰めるときはペーパータオルで水気をおさえる。

常備菜
ごぼうとピーマンのきんぴら

材料　作りやすい分量
ごぼう　細いもの½本
ピーマン　中2個
太白ごま油　適量
酒　適量
しょうゆ　小さじ2ぐらい
みりん　小さじ1〜2

1　ごぼうはたわしで洗い、やや太めで長いささがきにする。酢水にさっとさらしてざるに上げる。
2　ピーマンはへたの際から縦に包丁を入れて切る（こうすると、へたと種が残り、種が飛び散らない）。縦に細切りにする。
3　底の広い鍋に油をひいて、ごぼうを炒める。ごぼうがかためで火の通りにくいときは、酒少々を加えて炒めてもよい。
4　ピーマンを加え、しょうゆとみりんを加えて炒め合わせる。味見をして、足りなければしょうゆを加え、野菜が少ししんなりするまで炒める。冷めたら保存容器に移し、冷蔵庫で5日ほど保存できる。

アレンジできる定番おかず

卵焼き（あさつき入り）

お弁当に欠かせない卵焼き。プレーンはもちろん、冷蔵庫にちょっと残っているものを混ぜて焼けば、見た目も味わいも変わる飽きのこないおかずです。ベーコンとパセリ、しらすとわかめ、ほぐしたたらこと細ねぎ、常備菜のひじき煮……うちではいろいろな具を入れて楽しみます。ほかの料理で残った卵があれば、それも足して焼いてしまうし、少し残ったパン粉やチーズを入れて焼くことも。「残り物整理」と「おいしい卵焼き」は両立するのです。

材料　卵２個分

卵　２個
あさつき　２本
塩　少々
酒　小さじ２
メープルシロップ　大さじ１強
　＊または砂糖　小さじ２
太白ごま油　適量

1　ボウルに卵を溶きほぐし、小口切りにしたあさつきを混ぜる。塩、酒、メープルシロップ（または砂糖）を加えて混ぜる。卵液の味見をして、好みの味つけにすればよい。

2　小さなフライパン（直径18cmか20cm）を温めて、油をひく。油が温まったら、卵液の1/3量を流す。

3　中火にして、卵液を全体に行き渡らせる。菜箸で軽くかき混ぜる。

4　フライパンを傾けながら向こう側から手前へ、卵を巻きながら寄せる。

5　卵をフライパンの向こう側へ寄せる。空いた鍋肌が乾いていたら、そのつど油を少量ひきながら焼く。

6　フライパンの卵液を流し入れる手前部分を熱してから、卵液の⅓量を入れる。

7　最初の卵の下にも卵液を流し込み、菜箸で卵液を軽くかき混ぜる。

8　フライパンを少し持ち上げ、手前を低くしてフライパンを傾けながら、卵焼きを向こうから巻き込む。

9　卵を向こうへ寄せる。鍋肌が乾いていたらごく少量の油をひき、残りの卵液を流す。

10　卵焼きの下にも卵液を流し込み、卵液を軽くかき混ぜる。半熟状になったら、卵焼きを向こうから巻き込む。

11　巻き終わり。フライパンを返すようにして、バット、プレート、平らな皿などに卵焼きを移し、冷めたら切り分ける。

〈春のお弁当〉たけのこご飯弁当

日本の春のお楽しみ！

ご飯で「季節」を味わいましょう

春が来たら、毎年2、3回はたけのこご飯を作るのではないでしょうか。市販の水煮のたけのこは手軽だけれど、家でゆでたたけのこのおいしさは別格です。ぜひ、ゆでたてのたけのこで炊き込みご飯を作ってください。

炊き上がったら、普通にお弁当箱に詰めて、木の芽を散らす。あるいはたけのこご飯をおむすびにして、細かくたたいた木の芽を貼りつける。どちらもうれしいのです。私はどちらも作ります。たけのこご飯を竹の皮に包む、なんて！　洒落に気づいてもらえるかも？

たけのこに限ったことではなく、炊き込みご飯は季節を味わうのにうってつけです。初夏はお弁当が傷むのを防ぐ目的もあり、梅干しを一緒に炊き込みます(50ページ)。秋になると必ず作るのは、きのこたっぷりの炊き込みご飯(90ページ)です。

季節の野菜を、白いご飯に混ぜるのもおいしいです。夏は枝豆を混ぜて、さわやかな緑色を楽しみます(35ページ)。冬は大根の葉や小松菜の塩もみです。細かく刻んで塩でもみ、水気をぎゅっと絞って、ご飯に混ぜて菜飯にします。しみじみおいしくて、「大根の葉を捨ててしまうなんてもったいない」と思うはず。

季節の野菜や果物を「入れるだけ」で光ります

お弁当に季節を取り入れるのに、あまり凝ったテクニックは必要ありません。

そら豆や、こごみなどの山菜をゆでて、春のお弁当に添えてみる。

とうもろこしや枝豆をゆでて、夏のお弁当に入れてみる。

栗の甘露煮を洗い、さっとあぶって秋のお弁当の彩りにする。

りんごを皮つきのまま切って、冬のお弁当に入れる。

季節の野菜や果物は特に料理をしたり、味を加えなくても大丈夫。生のままや、ゆでたり蒸したりさっと焼いただけで、お弁当に入れればよいのです。そうして、なるべく素材そのものの形や色を生かして入れると、お弁当がパッと華やかになるし、立体的になっておいしそう。無地のセーターをアクセサリーでおしゃれにする感覚に近いかな。季節の野菜や果物は、お弁当のブローチみたいなものなのです。

アスパラの豚肉巻き
春が旬のアスパラガス＋豚肉でしっかりしたおかずに。

あんずの甘煮
甘みと「赤い色」をプラスしたいときに便利な常備菜。昔から作っている私の十八番。

そら豆やこごみ
ゆでただけです。でも、このかわいらしい形は春の勲章！

かぼちゃと桜えびのかき揚げ
かき揚げは冷めてもおいしく、お弁当にぴったりのおかずです。少し残っている食材を組み合わせて、かき揚げにします。

しらたきのチリチリ
よくいって水分を飛ばしたしらたきは、香ばしくて乙な味。私の好物です。

たけのこご飯、木の芽
たけのこの香り、やわらかさ、甘さを味わう、やさしい味の炊き込みご飯。

たたいた梅干しと赤じそ
梅干しは、「赤い色」と酸味のアクセント。漬けた赤じそと一緒にたたくと違う表情に。

たけのこご飯、木の芽

材料　4～5人分
ゆでたけのこ　小2本
油揚げ　1枚半
米　3カップ
昆布とかつお節のだし　3⅕カップ
酒　大さじ2
しょうゆ　小さじ1強
塩　小さじ2
木の芽　適量

1　ゆでたけのこはやわらかい穂先と、下のほうの二つに切る。それぞれ縦に四つに切り、やわらかい穂先はそのままで、下のほうはごく薄く切る。
2　油揚げは熱湯に6～7秒沈ませて、油抜きをする。冷めたら四方を少し切り落として2枚にはがし、粗みじんに切る。油揚げの水気をしっかり絞る。
3　米は炊く30分前にとぎ、ざるに上げておく。
4　炊飯器に米を入れ、だしを炊飯器の目盛りの3まで注ぐ。酒、しょうゆ、塩を加えて混ぜ、味見をする。足りなければ調味料を足す。たけのこ、油揚げを加えて混ぜ、普通に炊き上げる。
5　木の芽は細かくたたく。
6　炊き上がったたけのこご飯をおひつに移す。お弁当箱に詰めて、木の芽を散らす。おむすびにするときは、しっかりむすんで、真ん中にたたいた木の芽をつける。

●たけのこのゆで方
1　たけのこの先を斜めに切り落とし、内側中央に縦に切り込みを1本入れる。
2　たっぷりの水にたっぷりのぬかを入れて溶かし、赤唐辛子2～3本を入れてたけのこを入れ、静かに煮立つ火加減で1時間半～2時間ゆでる。
3　ゆで湯につけたまま、一晩おく。
4　翌日、ぬかを洗い落とし、皮をむく。下のほうのゴツゴツした部分に割り箸をあてて、きれいに掃除する。

常備菜　あんずの甘煮

材料　作りやすい分量
干しあんず　15～20枚
グラニュー糖　大さじ5
水　適量

1　鍋に干しあんずとグラニュー糖を入れ、ひたひたに水を加える。
2　弱火にかけ、干しあんずがやわらかくなるまで煮る。
3　火を止めて、冷めるまでそのままおく。シロップごと清潔な瓶に移し、冷蔵庫で約30日保存が可能。

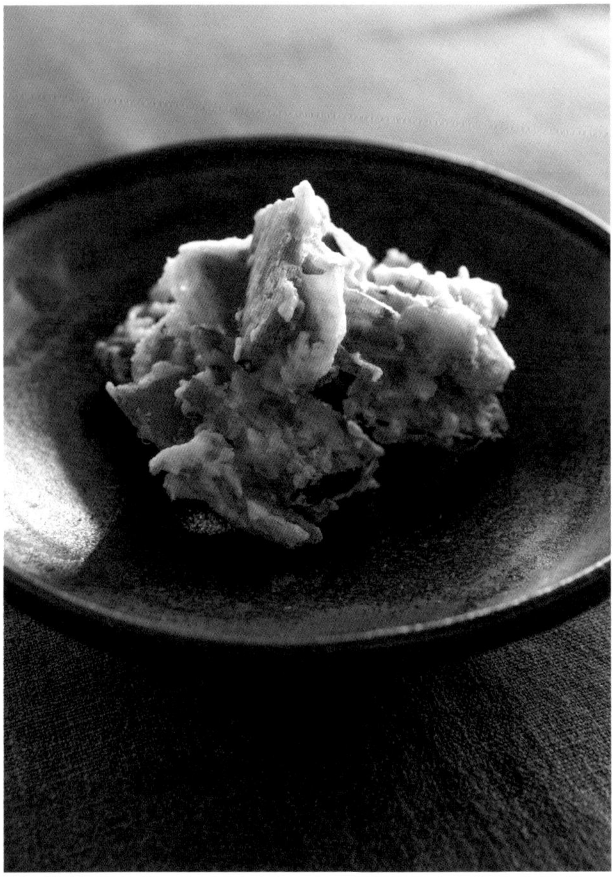

A

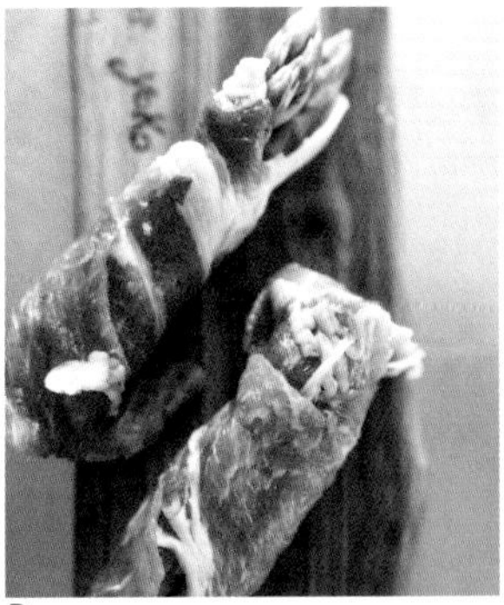

D

B

E

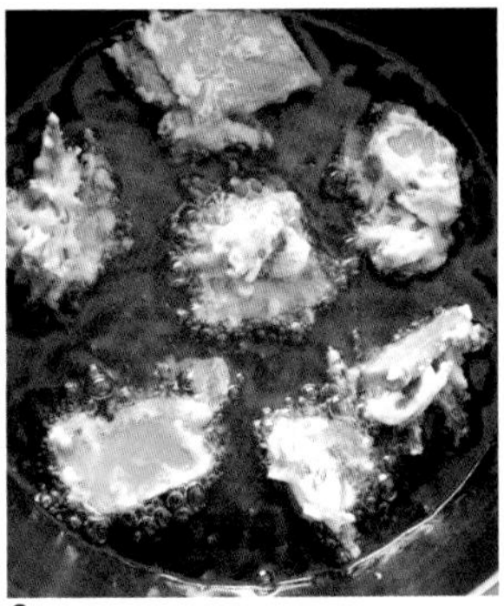

C

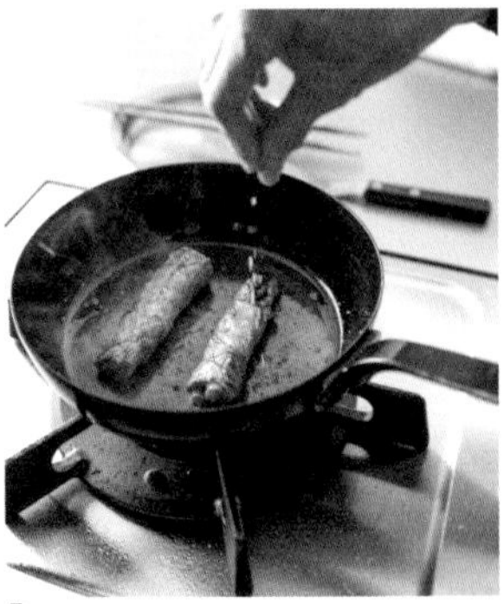

F

アレンジできる定番おかず

かぼちゃと桜えびのかき揚げ

切った材料に小麦粉をまんべんなくまぶし、水を少し加えます。手でぎゅっと握ってみて、材料がばらばらにならなければOK。この状態で揚げたかき揚げは、カリカリの食感で冷めてもおいしいです。

じゃがいも、にんじん、れんこん、ごぼう、三つ葉、春菊、細かくさいた魚の干物、じゃこ、ひき肉など、材料も組み合わせも、かき揚げのバリエーションは無限大。残り物でぜひいろいろ作ってみてください。

かき揚げが入ることで、満足感のあるお弁当になります。おかずとしてさらにボリュームが欲しければ、衣に卵を入れてもいいです。

材料　1人分

かぼちゃ　小1/8個(100ｇ)
桜えび　大さじ2
薄力粉　大さじ3～4
水　適量
揚げ油　適量

●事前にできること

1　かぼちゃは種とワタを取り、５㎜厚さの一口大に切る。

2　ボウルにかぼちゃと桜えびを入れ、薄力粉を加え、水を少量加えて混ぜる。薄力粉＋水がのりとなり、具材がやっとくっつく程度の衣がつけばよい。この状態で冷蔵庫に入れておくことも可→**A**。

●当日

3　フライパンに２㎝ぐらいの深さに揚げ油を入れ、中火にかける。油が温まってきたら、**2**のタネを一口大ずつ取り、油の中に入れる→**B**。

4　低めの温度でゆっくり揚げる。触ってみて、表面が乾いた感じになれば裏に返して揚げる。箸で軽くたたいてみて、コンコンという感触になったら、油から引き上げる→**C**。塩(分量外)をぱらりとふる。

アスパラの豚肉巻き

材料　1人分
アスパラガス　2本
豚ロース薄切り肉　4枚
オリーブオイルまたは太白ごま油　少々
塩、こしょう　各少々

◎事前にできること
1　アスパラガスはかたい下の部分を切り落とし、かたい部分の皮をむく。半分の長さに切り、それぞれを広げた豚薄切り肉で巻く。この状態で前夜から冷蔵庫に入れておける→D。
◎当日
2　フライパンに油をひき、豚肉の巻き終わりを下にして入れる。弱めの中火で返しながら焼く→E。
3　全体においしそうな焼き色がついたら、塩、こしょうをふる→F。

常備菜　しらたきのチリチリ

材料　作りやすい分量
しらたき　1袋
太白ごま油　大さじ2
しょうゆ　大さじ2～3

1　しらたきは沸騰湯に入れて、5～6分ゆでる。ゆで汁をきってざるに上げ、キッチンばさみで食べやすく切る。
2　鍋に油をひいて熱し、しらたきを入れ、水分を飛ばしながらいる。表面がチリチリになって、しらたきが少し細くなるまでじっくりいる。
3　しょうゆを加え、全体に味が入るように混ぜながらいる。
4　バットなどに移して冷まし、保存容器に入れて冷蔵庫へ。6～7日保存可。辛いのが好きなら、七味唐辛子をふってもよい。

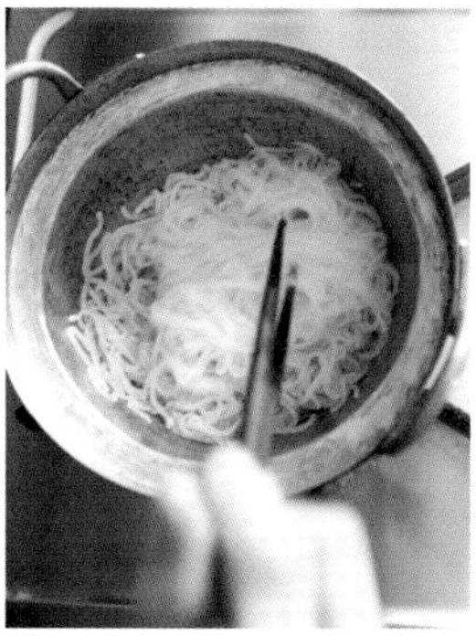

たたいた梅干しと赤じそ

梅干しの種を取り、一緒に漬けた赤じそと一緒に細かく刻む。

そら豆、こごみ

それぞれ、塩を入れた熱湯でゆで、ざるに上げて冷ます。

しょうが焼き弁当

いつものおかずを「のっけ丼」にする

しょうが焼き+付け合わせをご飯にのせて

甘みをつけたしょうゆ味のおかずは、白いご飯に本当によく合います。たれがご飯にしみるのがおいしいので、ご飯におかずをのせる「のっけ丼」風に詰めるのがおすすめです。

鶏つくね弁当(8ページ)、きじ焼き丼(73ページ)も「のっけ丼」ですが、みんなの好きなしょうが焼きもご飯にのせるスタイルで。普通におかずとして食べるときには横に添えるキャベツの細切りは、しょうが焼きの下に敷きます。こうすれば野菜も一緒においしく食べられます。

うちのしょうが焼きの人気の秘密

子どもたちが食べ盛りの頃に、しょうが焼きをよく作りました。うちのしょうが焼きは、ふっくらとしてジューシー。普通とはちょっと違う作り方なのです。

豚肉をたれに漬けず、下味もつけません。しょうゆや甘みの入ったたれをつけて焼くと、肉が焦げやすいからです。また、粉をまぶした肉をじかに焼くと、粉ばかりが焦げてしまいます。だから豚肉の片面だけに片栗粉をふって、粉のついた面を内側に折りたたむようにしてから焼くのが、うち流です。

肉の表面が焼けたところへおろししょうがをたっぷりのせて、調味料を加えて煮立て味をからめます。これで失敗もなくおいしく作れます。

うちのしょうが焼きはころんとした形なので、お弁当に詰めやすいです。かむと中からジュワッと、肉とたれのうまみがとろけ出します。肉の内側にふった粉が、肉のうまみとたれを吸うからです。冷めてもおいしいしょうが焼きです。

白いご飯
甘辛味のおかずには、だんぜん白いご飯です。

細切りキャベツ
しょうが焼きのたれを吸ったキャベツがまたおいしい。やや太めの細切りがいいです。

豚肉のしょうが焼き
薄切り肉を折りたたんで焼くから、一口大の大きさに。これが食べやすくておいしい理由です。

わさび漬け入りちくわ
ちくわに甘みがあるので、わさび漬けを入れるのが好きです。少しピリ辛の味のアクセントです。切ったときの見た目のかわいらしさもお弁当向き。ちくわはのどぐろ、鯛などのおいしいちくわを見つけたときに買います。子どもにはチーズやきゅうりを詰めて。

ラディッシュときゅうりの塩もみ
お弁当に、赤と緑を補う野菜のおかず。火を通さないみずみずしさが甘辛味のしょうが焼きにぴったり。

豚肉のしょうが焼き

材料　1人分

豚バラ薄切り肉　100g
　片栗粉　適量
太白ごま油　適量
しょうが　1かけ
酒　大さじ1½〜2
メープルシロップ　小さじ2〜3
　＊またはみりん小さじ2か、砂糖小さじ1½
しょうゆ　大さじ1
細切りキャベツ　適量

◘しょうがは皮をむき、すりおろす。

1　豚肉を広げて並べ、片面に片栗粉をまぶす。

2　片栗粉をつけた面を内側にして、豚肉を三つぐらいに折る。

3　フライパンを熱して油をひき、2を巻き終わりを下にして入れ、中火で焼く。下になっている面がこんがりと焼けたら返して焼く。

4　肉それぞれの上におろししょうがをこんもりとのせる。

5　フライパンの余分な油をペーパータオルで拭き取って、酒、メープルシロップ(またはみりんか砂糖)、しょうゆを加える。

6　調味料が沸いたら、肉をひとつひとつ返して、しょうがののった面を下にする。全体に味がからめばできあがり。お弁当に詰めるときは、ご飯の上にキャベツを敷いて、上にしょうが焼きをのせる。たれを煮切ってしまわないように。かけるたれを残しておく。

わさび漬け入りちくわ

ちくわに縦に１本切り込みを入れて、わさび漬けをはさむ。２㎝幅に切る。

ラディッシュときゅうりの塩もみ

きゅうりは縦に縞目に皮をむき、軽くたたいて、大きめ一口大の乱切りにする。ラディッシュは茎を切り、軽くたたく。ボウルに入れて塩少々をふり、しばらくおく。しんなりしたら両手で絞って水気をきり、ペーパータオルで水気を拭いてからお弁当箱に詰める。

詰め方

1 おかずの入るスペースを少し残して、白いご飯を詰める。上にキャベツとしょうが焼きをのせるので、ご飯は少し浅めに入れる。**2** ご飯の上全体にキャベツの細切りをのせる。フライパンに残っているたれをかける。**3** 豚肉のしょうが焼きをのせる。**4** 空いたスペースにわさび漬け入りちくわを入れて、隙間にラディッシュときゅうりの塩もみを水気を取って詰める。

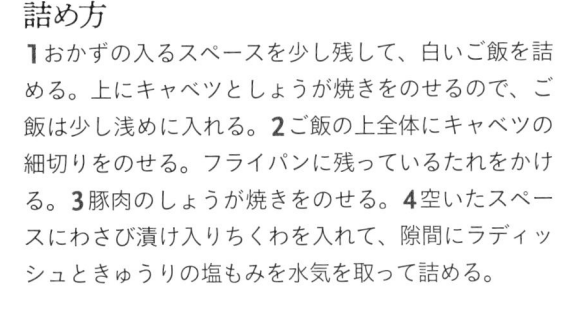

サンドイッチ弁当

「具がたっぷり」がうれしい、おいしい

サンドイッチのTPO

サンドイッチのレシピはいろいろありますが、大事なのは「いつ、どこで、どんなふうに食べるか」ということ。シチュエーションによって、おいしい具が決まってくると思うのです。

たとえばベーコンとレタスとトマトを、カリッとトーストしたパンではさむBLTは私も大好きです。でも生の野菜をはさむので、時間がたつと水気が出てパンがぬれてしまい、おいしさが半減してしまいます。BLTはパンはトーストしたて、ベーコンは焼きたてのあつあつがいいし、食べるときにはさむことができればいいのですが、なかなかそうもいきません。

また、たっぷりのきゅうりだけが具の「きゅうりサンド」は、うちの人気のサンドイッチですが、これはアフタヌーンティーやワインのお供に向くサンドイッチ。シンプルながら手はかかります。しっかりおなかを満たすお弁当には、ちょっと物足りません。

そう考えるとお弁当においしいのは、やっぱり王道の卵サンドやハムサンド。複雑なことをせずに、単品のフィリングを白いパンにたっぷりはさんで食べたい。具をケチらずたっぷりがおいしさの決め手で、これが満足感につながります。

卵にも玉ねぎたっぷりで

子どもたちが小さい頃、よく作ったのが卵サンドとツナサンド。ゆで卵を刻んでマヨネーズであえた卵ペーストも、自家製ツナペーストも、どちらにも玉ねぎがたっぷり入るのがわが家流です。

ともするとぼやけた味になりがちな卵ペーストも、塩もみして辛みを抜いた玉ねぎをたっぷり加えることで、玉ねぎのほどよい辛みと甘み、シャキシャキ感が加わり、複雑なおいしさになります。ぜひ、玉ねぎの塩もみの手間を惜しまずに作ってください。

ご参考までに、なつかしのツナペーストの作り方も。

油の少ないソリッドタイプか、チャンクタイプのツナ缶(フレークではないもの)を選ぶことが大事で、ツナ缶2缶を油をきってボウルに入れ、フォークでさくさくとほぐします。玉ねぎ大1個をみじん切りにし、塩もみして辛みを抜き、水気をさらしのふきんでギューッと絞って加えます。マヨネーズ大さじ4〜6、塩、こしょう各少々を加えてよく混ぜます。このツナペーストは冷蔵庫で2〜3日もちます。

卵サンド
大人になってから食べるのもまたおいしい。卵を包丁で細かく切って作ります。

紫キャベツの酢漬け
小さなおかずで酸味と紫色をプラスして、サンドイッチ弁当の完成。

エンダイブ
卵の黄色、ハムのピンクときたら、薄緑色の葉っぱがほしい。ちりちりの葉先もアクセントになります。

ハムサンド
薄いハムが1、2枚ではつまらないし、かといって厚切りハムではやわらかいパンにそぐわない。薄切りハムを何枚も重ねてはさむのがお気に入りです。

卵サンド

材料　１〜２人分
卵　２個
玉ねぎ　中¼個
　塩　少々
マヨネーズ　大さじ２ぐらい
塩、こしょう　各適宜
食パン　６枚切り４枚

●事前にできること
1　卵はゆでて殻をむき、包丁で縦二つに切ってから、みじん切りにしてボウルに入れる。
2　玉ねぎはみじん切りにして、さらしのふきんにのせ、塩少々をふる。さらしで包んでもみ、冷水をためたボウルの中でもみ洗いし、辛みを除く。
3　**2**の水気をぎゅっと絞り、**1**のボウルに加える。マヨネーズを加えて混ぜ合わせ、味をみて、塩、こしょうで調える。冷蔵庫で２〜３日保存可。
●当日
4　食パン１枚の上に卵ペーストをたっぷり塗り、もう１枚のパンではさむ。残りの１セットも同様に作る。
5　乾いたふきんやラップで包み、しばらくおいて具とパンをなじませてから、半分に切る。

ハムサンド

材料　１〜２人分
ごく薄切りハム（ボンレス、ボローニャなど好みのもの）
　２種類を各８枚
マヨネーズ　適量
食パン　６枚切り４枚

1　食パンの片面にマヨネーズを塗る。
2　２種類のハムを各４枚ずつのせる。
3　もう１枚のパンではさむ。残りの１セットも同様に作る。
4　乾いたふきんやラップで包み、しばらくおいて具とパンをなじませてから、半分に切る。

常備菜 紫キャベツの酢漬け

材料　作りやすい分量
紫キャベツ　¼個
塩　適量
酢（米酢、ワインビネガーなど好みの酢）　適量
メープルシロップ　少々

1　紫キャベツはせん切りにしてボウルに入れ、塩少々をふって軽くもむ。塩の量は1.5〜２％が目安。感覚としては、食べてみて「ちょっとしょっぱい」と感じるぐらい。
2　しばらくおいて、キャベツがしんなりしたら水気を固く絞る。容器に移し、浸る程度の酢を加える。好みでメープルシロップ少々を加えて甘みをつけてもよい。冷蔵庫で１週間ぐらい保存可。

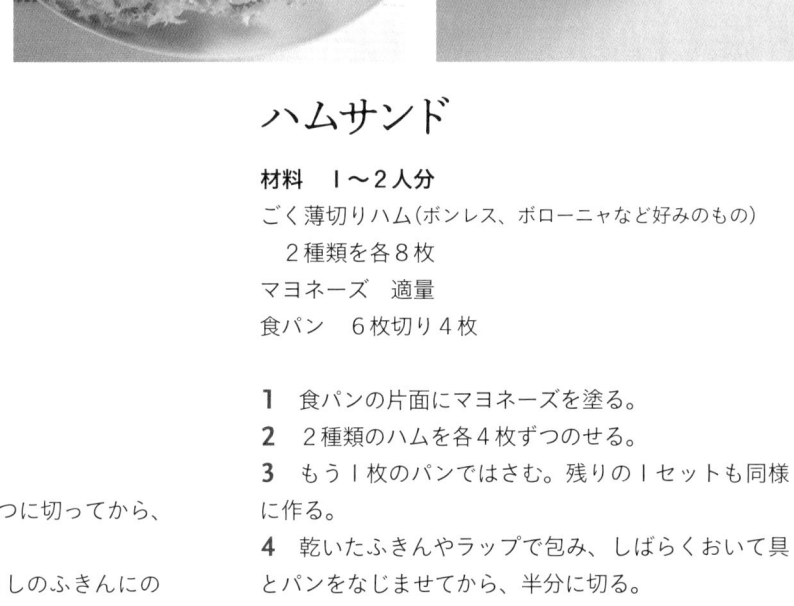

玄米の揚げおにぎり弁当

作るのも食べるのも楽しい、変わり種もいいものです

玄米ご飯のライスコロッケはおいしい！

玄米のライスコロッケです。シチリアのストリートフードでアランチーニ(小さなオレンジの意味)というものがあり、それを食べてから玄米の揚げおにぎりを考えつきました。本来はトマト味のオレンジ色のご飯を丸いおむすびにして揚げるから、この名前がついています。

玄米ご飯を揚げたらおいしいだろうな、中からチーズがとろりと出てきたらおいしいだろうな、と思って作りはじめたうちのオリジナル。

表面がカリッと香ばしくておいしく、くせになる味です。今回は素揚げにしましたが、小麦粉、溶き卵、パン粉の衣をつけて揚げてもいいです。玄米ご飯は冷めると固まって、丸くなりにくいです。炊きたてでない場合は、電子レンジでもいいですから、ちょっと温めてから丸く握ってください。

「こんなお弁当は見たことがない！」と驚かれるかもしれませんが、おいしければいいでしょ、って。作るほうも楽しいのです。マンネリになりがちなお弁当の変化球としておすすめです。

炒め物は汁気対策を万全に

玄米の揚げおにぎりのおかずに、冷蔵庫にあるもので炒め物を作りました。えび、しいたけ、いんげんのソテーです。

炒め物は手軽にできるおかずですが、汁気が出やすいのでご注意を。私はバットに角ざるを重ねて、そこへ炒めたものを置いて、しばらくおいておきます。自然に汁気がバットに落ちるのを待ち、充分に水気が落ちてからお弁当箱に入れます。あるいはペーパータオルを何重かにして、その上にのせておいてもいいです。どちらかの方法で水気をしっかり取ることです。

詰めたときにおいしそうでも、持って歩いて時間がたったときにどうなるか。それをちゃんと考えて、お弁当作りをすることが大事です。

えび、しいたけ、いんげんのソテー

赤(えび)、茶(しいたけ)、緑(いんげん)の3色がそろって、見た目にもおいしそうなおかずです。炒め物は時間がたつと水気が出るので、ざるに上げるなどして充分に水気を取ってから詰めます。さらに、ここでは防水加工の紙のカップに入れています。

玄米の揚げおにぎり

玄米ご飯のおむすびを素揚げにしています。表面がカリカリ揚げせんべいのようで、中はもっちり。あつあつを食べるときは中にモッツァレラを入れると、中からとろんと溶け出しておいしいのですが、モッツァレラは冷めるとかたくなるので、お弁当用にはカマンベールとミニトマトを。

玄米の揚げおにぎり

材料　1人分
玄米ご飯　おむすび2個分
カマンベールチーズ　1切れ
ミニトマト　1個
揚げ油　適量
塩　少々
オレガノ　適宜

1　カマンベールチーズは皮を取り除き、1.5〜2㎝角に切る。ミニトマトは横半分に切り、つまんで中の種と汁を押し出す（あとで余分な水分が出ないように）。
2　温かい玄米ご飯の中に、カマンベールとミニトマトを入れておむすびにする。
3　揚げ油を180℃に熱し、**2**を入れてこんがりと揚げる→**A**。
4　揚げたてに軽く塩をふり、あればオレガノをまぶす→**B**。

A

B

えび、しいたけ、いんげんのソテー

材料　1人分
えび（冷凍）　大きめのもの2尾
生しいたけ　2個
いんげん　4本ぐらい
オリーブオイル　適量
塩、こしょう　各少々

●事前にできること
1　いんげんは両端を切り落とし、4等分長さに切ってかために塩ゆでする。
2　えびは凍ったまま塩水につけて、冷蔵庫に一晩おく（こうすると翌日、ぷりぷりに解凍されている）。
●当日
3　えびの背わたを抜いて殻をむき、1尾を3等分長さに切る。しいたけは軸をつけたまま、縦に4等分に切る。
4　小さなフライパンに油をひき、えび、しいたけを炒める。火が通ったら塩、こしょうをふって、角ざるを重ねたバットに取り出す。
5　空いたフライパンにいんげんを入れて、軽くソテーし、塩、こしょうで調味する。角ざるを重ねたバットに取り出し、しばらくおいて水気を取る。充分に冷めて、水気が取れてからお弁当に入れる。

シュウマイ弁当

お弁当に向くシュウマイがあります

「やわらかいシュウマイ」がおすすめです

私が作るシュウマイには2タイプあります。昔から作っているのは、豚ひき肉に春雨や干し貝柱などを混ぜた本格派で、歯ごたえのあるしっかりとしたシュウマイです。これは作るのに手間がかかるので、たくさん作ったほうがいい。大勢が集まるときに、みんなで一緒に肉あんを皮で包んで、蒸して温かいうちにいただきます。

もうひとつは、「シュウマイを短時間に作って食べられないかしら」と思って、最近考えたレシピ。豚ひき肉に帆立缶、玉ねぎを混ぜるだけのお手軽さで、これはふんわりとしたやわらかさが魅力。冷めてもおいしいのは、だんぜん「やわらかいシュウマイ」なので、お弁当にはこちらがおすすめです。帆立缶の缶汁もおいしいので使います。

ふんわりやわらかいのは、帆立缶汁と玉ねぎがたっぷり入っているから。いつまでもやわらかくておいしい。作るのが簡単でおいしいとはこういうことだな、と思います。私は作り方**1**～**2**でフードプロセッサーを使っているので、あんを作るのは1～2分です。おいしい帆立缶を選ぶのが一番のコツ。

夕食にシュウマイ弁当、いかがですか?

シュウマイの入ったお弁当は、お昼に持っていくだけでなく、夕食にもいいんじゃないかしら、と思います。これとビールがあれば、だんなさんもひとりの夕食がすごくうれしいのでは？　もちろん、ご夫婦で食べてもいいし、家族全員で食べるのも楽しい。お弁当箱がそろわなければ、各自大皿に盛り混んでワンプレートもいい。

よく新幹線の中で、缶ビールを飲みながら、お弁当を広げて「どれにしようかな」とおかずを吟味している出張帰りの男性がいるでしょう。楽しそうだな、と思って。おかずやご飯をただ箱に詰めただけなのに、お弁当にはふだんの食事とは違う喜びがあります。

そういうことを考えると、作るほうも彩りや味のバランスをとって作ったり詰めたりするのが楽しくなる。お弁当はみんなが楽しくなる食事なんです。

しょうゆ、練りがらし
液体はプラスチックを使わざるをえませんが、練りがらしなどは自然の葉（笹、葉蘭、月桃など）を丸めて楊枝でとめて容器に。これだけでお弁当がすてきに見えます。また、からしの黄色は色のアクセントの役目も。

ふんわりシュウマイ
ふんわりふわふわ。ぎゅっと身が詰まったシュウマイよりも、お弁当においしいシュウマイです。帆立の缶汁も入って、やわらかく、うまみがあります。

ほうれん草のごまあえ
しょうゆ洗いしたほうれん草をごまであえました。水気の出ない野菜のおかず。

枝豆ご飯
白いご飯に、軽く塩をした枝豆を混ぜました。翡翠色が目に涼しく、おいしくて、季節感を味わえます。

焼きたらこ
お弁当のおかず用に買っておくと便利なのがたらこ。うまみがあるし、赤い色の補いにもなります。ただし「赤」の色はあまり多くすると逆効果。ポイントにちょっと入れるのがコツです。

ふんわりシュウマイ

材料　2人分
豚ひき肉　100〜150g
玉ねぎ　中1/3個
帆立貝柱缶　大1缶
片栗粉　大さじ2
シュウマイの皮　12枚

A

B

●事前にできること

1　玉ねぎをみじん切りにして、ボウルに入れる。豚ひき肉、片栗粉、缶汁をきった帆立貝柱を加える→A。

2　1に帆立缶の缶汁を少しずつ加え、ねっとりとするまで混ぜる。缶汁は全量入れるとやわらかくなりすぎるので、少しずつ加えて混ぜ、様子をみる→B。

C

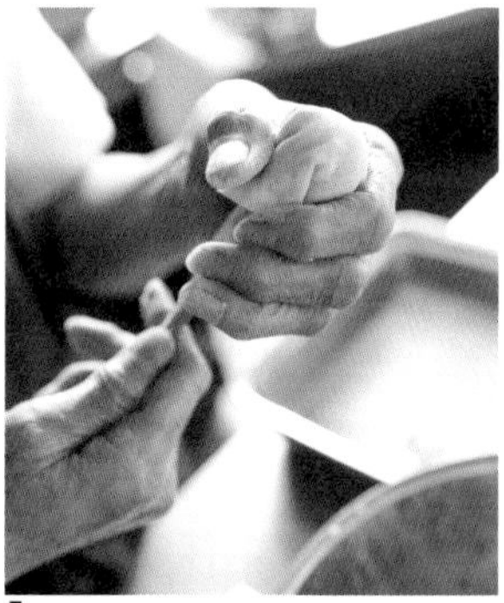
F

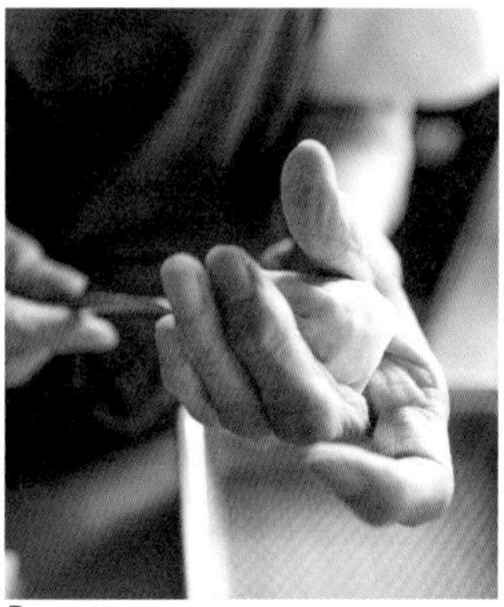
D

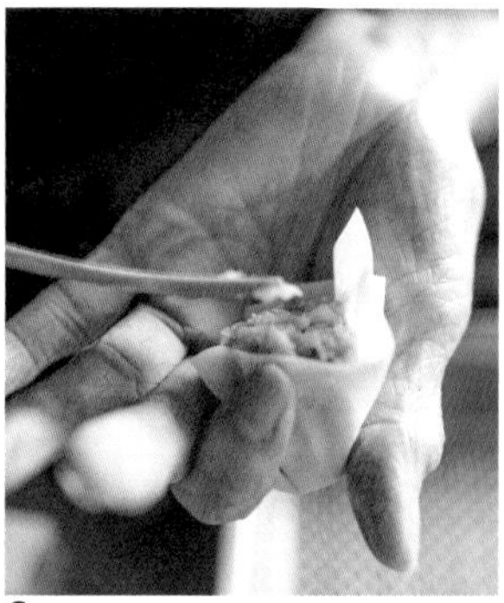
G

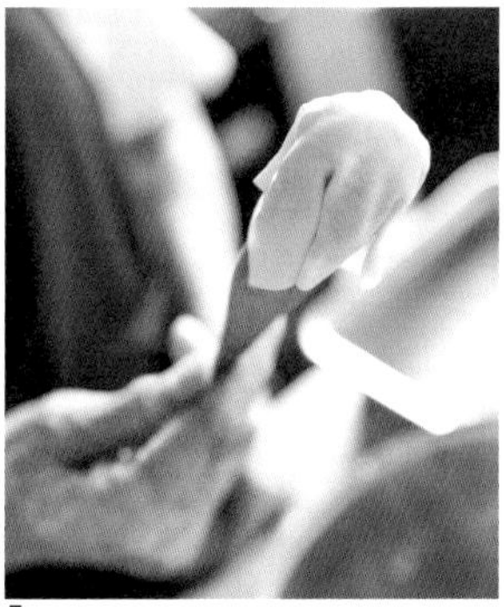
E

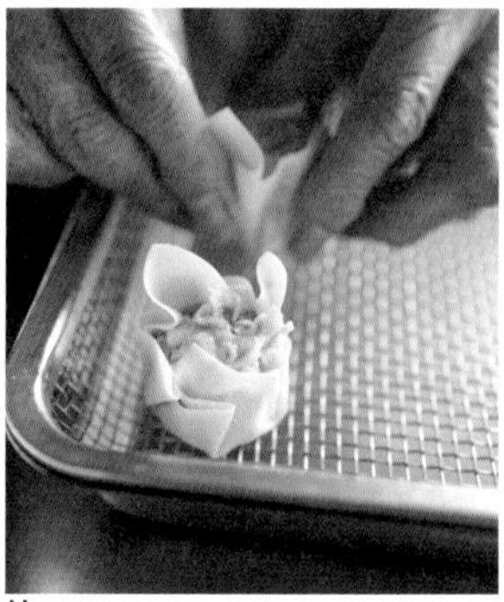
H

●当日

3　シュウマイの皮に2のあんをたっぷりめにのせ→C、へらで押さえつけながら→D、皮を返す→E。上から握り込むようにして包み→F、底になる面をへらで押さえて形を整え、再び返して形を整える→G。包んだシュウマイは角ざるに並べていく→H。

4　トレイなどにオーブンペーパーを敷き、シュウマイを並べて、湯気の立った蒸し器で5分ほど蒸す。冷ましてからお弁当箱に詰めて、しょうゆと練りがらしを添える。

●あるいはシュウマイを蒸すところまで前夜にやってもよい。

ほうれん草のごまあえ

材料　1～2人分
ほうれん草　小1束
しょうゆ　少々
白いりごま　適量

1　ほうれん草は洗って、塩を入れた熱湯でさっとゆでる。すぐに冷水にとり、ざるに上げて水気を絞り、食べやすい長さに切る。
2　ボウルにしょうゆを入れて、ほうれん草を入れ、しょうゆで湿らせる→**A**。これを手でぎゅっと絞って、水気をしっかり出す→**B**。
3　しょうゆ洗いしたほうれん草に、白ごまを加えてあえる。

A

B

枝豆ご飯

枝豆をゆでて薄皮までむき、ボウルに入れる。塩少々をふる。白いご飯に混ぜる。

焼きたらこ

たらこ½腹を焼き網で焼き、斜め切りにする。

玄米ご飯弁当

「今日は玄米ご飯にしましょう」というアイデア

肉や魚がなくても満足できるお弁当の日

健康によいからというよりも、玄米ご飯の香ばしい味が好きです。ふだんから「今日は玄米にしようかな」と、白いご飯と同じように主食の選択肢のひとつになっています。

玄米に合うおかずは、白いご飯と違います。根菜、こんにゃく、豆類、海藻などで、玄米ご飯に合うおかずを作ると、結果的に肉や魚がなくて野菜ばかりでも満足できます。

玄米の胚芽にはたんぱく質をはじめとする栄養素が多いので、玄米を食べるならば肉や魚などのたんぱく質源をとらなくてもいいそうです。「こんな組み合わせで食べるとおいしい」と私たちが感じるのは、栄養的にもバランスがとれているからなんですね。

ベジタリアンではない私は、玄米ご飯と野菜のおかずが毎日続くと、きっと嫌になるでしょう。でもたまにならとても新鮮で、おいしく感じます。玄米ご飯にして、肉なしDAY、魚なしDAYのお弁当の日があるのもいいものです。もちろん、からだの調子を整える意味でも◎です。

玄米ご飯の炊き方

玄米ご飯はいろいろな炊き方がありますが、私は以前からずっと同じ方法です。

洗った玄米をカムカム鍋というふたつきの内鍋に入れ、米と同体積の水を加えてふたをします。これを圧力鍋の中に置き、カムカム鍋の高さの半分ぐらいまで圧力鍋に水を注ぎます。圧力鍋のふたをし、強火にかけて、圧力がかかりはじめたらそのまま2〜3分加熱。弱火にして50分〜1時間ほど炊きます。

火から下ろしたら、すぐに圧力鍋のふたに流水をあてて、圧を落とし、ふたを開けて、カムカム鍋の中の玄米をおひつに移します。カムカム鍋を使って炊いた玄米は、ふっくらやわらか。冷めてもぱさつかず、おいしくいただけます。

玄米の¼量をもち米に替えてもおいしい。保水性があり、玄米がかたくならないのもよい点です。お腹の調子も整います。炊き方は同じです。

切り干し大根のなます

おせち料理のなますを切り干し大根で作ると、しゃきしゃきでおいしいのです。保存のきく常備菜。

ごぼう、はす、かぼちゃの磯辺かき揚げ

根菜と玄米は相性よし。お弁当にかき揚げにして詰めると満足感があり、肉や魚がなくても大丈夫。小麦粉に青海苔をプラスして、香りのよい磯辺揚げにしてみました。

クレソンのしょうゆあえ

緑のおかずはクレソンで。さっとゆでてしょうゆ洗いにしました。

玄米ご飯／梅干し

ふっくらと炊いた玄米ご飯に、梅干しの赤を添えて。

こんにゃくのいり煮／煮大豆

水分を飛ばすようにいったこんにゃくは、歯ごたえがよくて美味。しょうゆ味でいり煮にした大豆と合わせて、コクのあるおかずに。仕切りに使った経木は、杉、ひのきなどを紙のように薄く削った梱包材。天然素材の風合いのよさから、最近また見直されていて、ネットでも買うことができます。

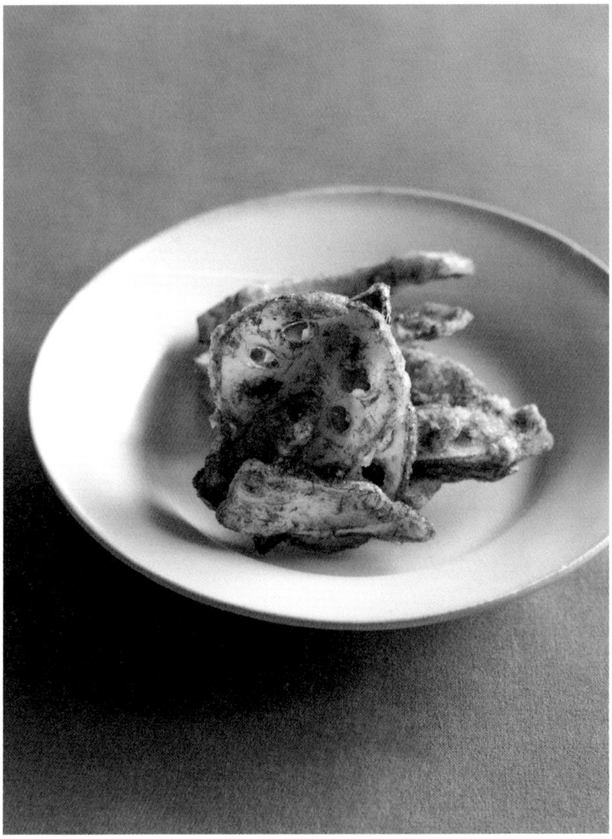

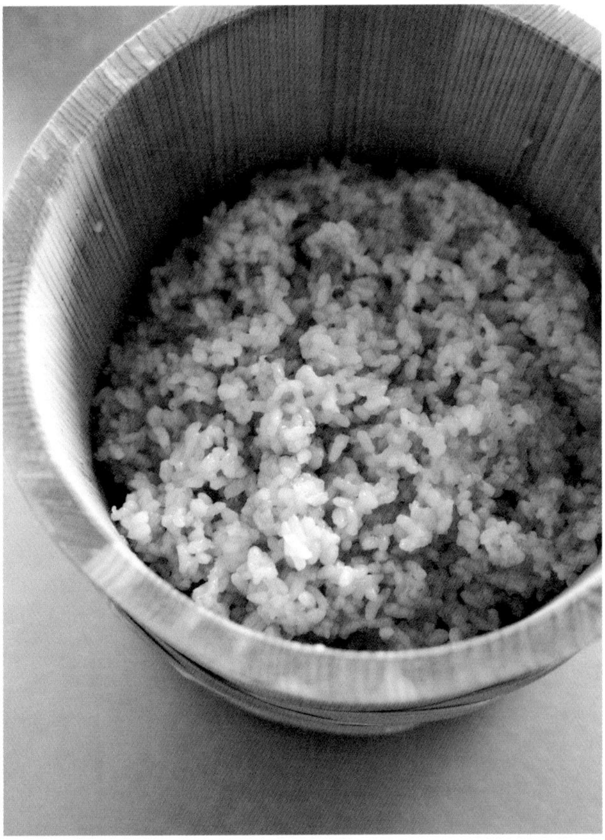

ごぼう、はす、かぼちゃの磯辺かき揚げ

材料　2人分

ごぼう　小½本
はす　小1節
かぼちゃ　小⅛個(100g)
薄力粉　およそ大さじ山盛り2
青海苔　大さじ1
水　適量
揚げ油　適量
塩　少々

1　ごぼうはたわしで洗い、皮つきのまま斜めに薄切りにする。かぼちゃは種とワタを取り、皮つきのまま3mm厚さに切る。はすも皮つきのまま2〜3mm厚さの輪切りにする。

2　**1**をボウルに合わせて小麦粉、青海苔を加えて混ぜる→**A**。水を少量ずつ加えて、野菜どうしがくっつくぐらいの状態にする→**B**。

3　揚げ油がまだぬるいうちに、**2**をスプーンですくって一口大にまとめ、油の中に入れる→**C**。

4　触らずに中温で揚げて、表面が固まってきたら裏に返し、箸で軽くたたいてみて、コンコンという感触になればOK→**D**。引き上げて油をきり、塩をふる。

A

C

B

D

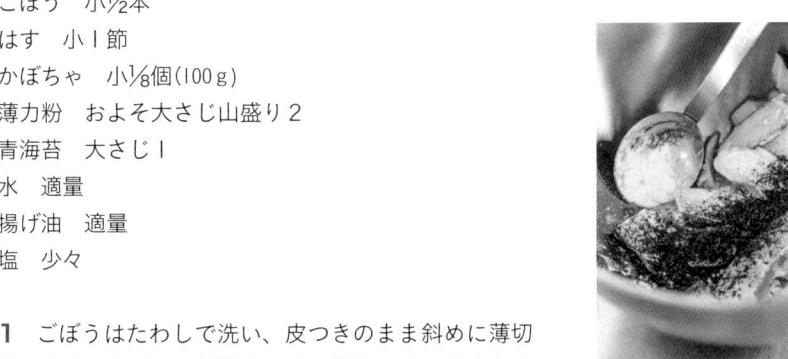

常備菜 こんにゃくのいり煮

材料　作りやすい分量
こんにゃく　1枚
太白ごま油　適量
酒　1/4カップ
みりん　大さじ1 1/2〜2
しょうゆ　大さじ2

1　こんにゃくは熱湯に入れ、10分ほどゆでて下ゆでする。水気をきり、冷めたらスプーンで一口大に切る。
2　鍋に油をひいて、**1**のこんにゃくを入れる。こんにゃくの水分を飛ばすようによく炒め、酒、みりん、しょうゆを加える。沸いたら弱めの中火にして、水分がなくなるまで煮る。冷蔵庫で3〜4日保存可。

常備菜 煮大豆

材料　作りやすい分量
ゆで大豆(11ページを参照)　1カップ
酒　1/4カップ
みりん　大さじ2〜3
しょうゆ　大さじ1〜2

ゆで大豆を鍋に入れ、酒、みりん、しょうゆを加える。沸いたら弱火にして煮汁がなくなるまで煮る。冷蔵庫で5〜6日保存可。

常備菜 切り干し大根のなます

材料　作りやすい分量
切り干し大根(にんじん入り)　1袋
メープルシロップ　大さじ3
＊または砂糖　大さじ2くらい
酢　1/3カップ
赤唐辛子　1本

1　にんじん入り切り干し大根は水につけて、歯ごたえよくもどす。
2　赤唐辛子は種を取り、小口に切る。ボウルにメープルシロップ(または砂糖)、酢、赤唐辛子を入れて混ぜる。
3　水気をしっかり絞った**1**を、**2**のボウルに入れてあえる。清潔な容器に移し、冷蔵庫で10日間程度保存可能。

クレソンのしょうゆあえ

クレソン1束は熱湯でさっとゆで、水気を絞って3〜4cm長さに切る。ボウルにしょうゆ少々を入れてクレソンを入れ、しょうゆで湿らせてから、固く絞ってしょうゆ洗いにする。

オムレツ弁当

「大きい」ってすてきなこと

うちで人気の大きなオムレツ

以前から本当によく作っているオムレツです。玉ねぎとひき肉を炒めたものを卵でくるむだけなのですが、これはもう、みんなが大好き。

なんてことのないオムレツだけど、でも、「大きく作る」っていうことがミソみたい。家でおかずにするときは、卵を5、6個とか、7、8個とか使って、中華鍋ですごく大きなオムレツを焼きます。中華鍋のカーブを使うと作るのが楽です。

熱して油をひいた中華鍋に、大きな中華鍋で作るときは溶いた卵の全量を一気に入れます。箸で大きく混ぜて少し半熟になりかけたら、卵の真ん中よりも少しずれたところに、炒めた玉ねぎとひき肉を置きます。その上に、卵をぱたっとかぶせればできあがり。すごく簡単です。

みんなで取り分けて、キャベツの細切りと一緒にソースをかけていただくのが最高においしい。大きめのみじん切りにした玉ねぎが甘くて、白いご飯に不思議と合うオムレツです。

お弁当にもすごくいいです。お弁当用には卵2個で、小さめのフライパンで作ります。それでも充分大きいオムレツができます。半分に切ってお弁当箱にどんと入れると、開けたときに「わあ！」って思うはず。

ちまちまと少しずつ、もいいけれど、どんと大きいのも魅力なのです。

お弁当に黄色を入れましょう

ほかのページにも書きましたが、お弁当において彩りは大事。肉や甘辛味のおいしいおかずは茶色いものが多いです。そこに、さっぱりとした緑の野菜のおかずや、赤い梅干しなどが入ることで、茶色っぽいおかずもいっそうおいしく感じられて、満足感のあるお弁当になります。ここがお弁当作りの醍醐味です。

赤や緑などが入ると、見た目においしそうなだけでなく、自然と味や栄養のバランスがとれることも実は大事なポイントです。

そして、おすすめは黄色いものを入れること。卵、かぼちゃ、にんじん、黄パプリカ、大豆やひよこ豆、栗、ミニトマト、レモン……黄色っぽい色が入ると、ちょっと明るくて楽しいお弁当になるのです。大きいオムレツなんて、その最たるもの。お弁当を開けたときに、幸せな気持ちになること請け合いです。

ソースを忘れずに入れてくださいね。

焼き野菜のマリネ
作り置きのできるおかず。パプリカとズッキーニを網焼きして、オリーブオイルと塩、こしょうでマリネします。焼いた野菜の香ばしさと甘さ、カラフルな色が魅力。

薬膳ソース
うちの定番のソース。「薬膳ソース」(三留商店)という商品名で、ずっと同じものを使い続けています。ふたつきの容器に入れて持っていき、オムレツとキャベツにかけていただきます。

大きなオムレツ
厚い卵の中には、玉ねぎの甘みたっぷりのひき肉が。大きく焼いて半月形にたたみ、半分に切ってお弁当に入れます。

細切りキャベツ
大きなオムレツにはキャベツが欠かせません。キャベツが入ることで、味や彩りのバランスがよくなります。

ご飯

大きなオムレツ

材料　1人分
卵　2個
豚ひき肉　100g
玉ねぎ　小½個
塩、こしょう　各少々
オリーブオイル　適量
キャベツの細切り　適量
薬膳ソース　適量

詰め方

キャベツはせん切りにして、さらしに包み、ボウルのため水にさらして洗い、水気を絞る。お弁当箱にご飯を詰めて、キャベツをのせ、半分に切ったオムレツを入れ、容器に入れた薬膳ソースを添える。

1　玉ねぎは存在感が出るように、大きめのあられ切りにする。フライパンを温めてオリーブオイルをひき、玉ねぎを炒める。

2　玉ねぎから甘みが出るまでしっかり炒めたら、ひき肉を加えて炒め合わせる。肉をしっかり炒めたら塩、こしょうをふり、味をつける。

3　ボウルに卵を割り入れ、よく溶きほぐす。ほんの少し塩とこしょうを加えて混ぜる。小さなフライパン（直径20cmぐらい）を温めて、オリーブオイルを鍋肌全体にしっかりひく。中火にして卵液の½量を入れ、箸で大きく混ぜながら全体に広げる（卵は一挙に入れてもよい）。

4　半熟状になったら、残りの卵液を流し入れる。弱火にして、卵を箸で突きながら、半熟の一歩手前まで火を通す。

5　まわりは火が通ってきたけれど、真ん中のほうはまだ卵がとろっとした状態になったら、**2**の玉ねぎとひき肉を卵の片側にのせる。余熱で火が通ることを考えて、早めに具をのせるのがコツ。

6　すぐに卵をかぶせて、へらで形を整えながら皿などにあける。

常備菜 焼き野菜のマリネ

材料　作りやすい分量

パプリカ　1個
ズッキーニ　1本
　塩　少々
オリーブオイル、塩、こしょう　各適量

1　パプリカは縦に4等分に切り、へたと種を取り除き、さらに横に2等分に切る。
2　ズッキーニは5㎜厚さの輪切りにする。
3　**1**と**2**をバットに重ねた角ざるに並べ、軽く塩をふる。少しおいて塩がなじんだら、野菜から出た水分を拭く。
4　焼き網やグリルで**3**をこんがりと焼く。
5　焼いた野菜をバットに並べて、オリーブオイルをまわしかけ、軽く塩、こしょうする。ペーパータオルで軽く油分や水分を取ってから、お弁当箱に詰める。

焼きそば弁当

食べるときに味をつける焼きそばがいいのです

いかがたまったら、うちでは焼きそばを作ります

いかをお刺身で食べると、げそやえんぺらが残ります。うちでは残ったいかは冷凍しておきます。そして冷凍いかがたまると、お待ちかねの焼きそばを作ります。

いかのうまみはすごくて、豚肉だけの焼きそばでは物足らないところにいかが少しでも入ると、ぐっとおいしくなります。さらに桜えびもうまみ出しに加えて、野菜もたっぷりで作るのがわが家の焼きそばです。

うまみ成分(?)が多いから、冷めてもおいしく、お弁当にもとても好評です。

そばはカリッと、軽い塩味だけで仕上げます

家でみんなで食べるときは、カリカリに焼いたおそばをたくさんと、いかと豚肉と桜えびが入った野菜炒めをたくさん作って、それぞれを別の器で食卓に出します。ソース、しょうゆ、酢、豆板醤なども食卓に置いて、食べる人が食べたいだけ焼きそばを取り、野菜炒めをのせて、好きな味つけで食べるスタイルです。

ソース味が好きな人もいれば、塩味がいい人もいれば、酢やしょうゆでさっぱりと食べたい人もいれば、豆板醤を加えてピリ辛にしたい人もいるでしょう。だから、焼きそば自体は軽く塩味をつける程度にしています。

これがお弁当にもちょうどいいのです。少しの塩分なら水気も出にくく、そのままほのかな塩味で食べるのもいいし、別に添えたたれをかけるとまた味が変わって飽きることがありません。

おそばは、食べるまでに時間をおくお弁当には、少し太めの麺が向きます。そのほうがのびにくいです。そして多めの油で焦げ目がつくぐらいに、しっかりと焼きつけます。これも時間がたってもべちゃっとならない秘訣です。

とうもろこし
お弁当がぱっと明るくなる黄色。この切り方なら、とうもろこし1本が入ってしまいます。

豆板醬＋酢
焼きそばのたれは、ふたつきの小さなガラス瓶などに入れて、別に持っていきます。たれは好みのもので。ソースでも、しょうゆでも、好きな調味料のブレンドでもいいです。

紅しょうが
赤い色が少し入ると、お弁当がきりっと締まります。できれば自家製紅しょうがで。

焼きそば
キャベツ、豚肉、いか、桜えび……具だくさんがおいしい。家で食べるときにはもやしも入れますが、冷めるとくたっとなるのでお弁当用には入れません。キャベツと玉ねぎの甘みがきいています。

焼きそば

材料　1人分

焼きそば　1袋
いか　小1ぱい
　＊げそやえんぺらだけでもよい
豚こまぎれ肉　50〜80g
桜えび　1袋(8g)
キャベツ　2〜3枚
玉ねぎ　½個
しょうがのせん切り　たっぷり
太白ごま油　適量
塩、こしょう　各少々
紅しょうが　適量
豆板醤、酢　各適宜

1　いかはワタを抜き、胴体は輪切りにする。げそやえんぺらは食べやすく切る。豚肉は長ければ食べやすく切る。キャベツは太めの細切りにする。玉ねぎは5、6㎜幅に切る。

2　フライパンを熱して、底面を流れるぐらいに油をひく。焼きそばをほぐしながら入れ、箸で軽くほぐしたら、焼き色がつくまで触らずに強めの中火でこんがりと焼く。

3　焼き色がついたら裏に返し、裏にも焼き色がついたら取り出す。

4　空いたフライパンに油を少し足して、しょうがと豚肉を炒める。肉の色が変わったらいかを入れて炒め、続いてキャベツの半分量、玉ねぎ、桜えびを入れて炒める。

5　最後に残りのキャベツを加え、塩、こしょうでうっすらと味をつけ、軽く炒め合わせる。バットに取り出す。

6　焼きそばの熱が取れたら、キッチンばさみで食べやすく切って、お弁当箱に詰める。上に野菜炒めをのせて、紅しょうがを添える。豆板醤と酢を混ぜて好みの味にし、ふたつきの空き瓶などに入れて一緒に持っていく。

とうもろこし

1　とうもろこしは皮をむき、湯気の立った蒸し器で10〜15分蒸すか、塩ゆでしてやわらかく火を通す。角ざるにのせて充分に冷ます（ここまで前夜にやって、冷蔵庫に入れておいてもよい）。
2　長さを４等分ほどに切り、切り口を下にしてまな板に置き、とうもろこしの列がつながって面ができるように、上から切る。残った芯が四角形になるのがよい。
3　お弁当箱に平らにして入れる。

芯をつけたままだと、お弁当箱の中で無駄な場所をとるので、芯から切り離して詰めます。この切り方だと、まるまる１本分ぐらい入ってしまうので満足感があります。冷めてから切るのがコツで、温かいうちだととうもろこしの列がつながってくれません。

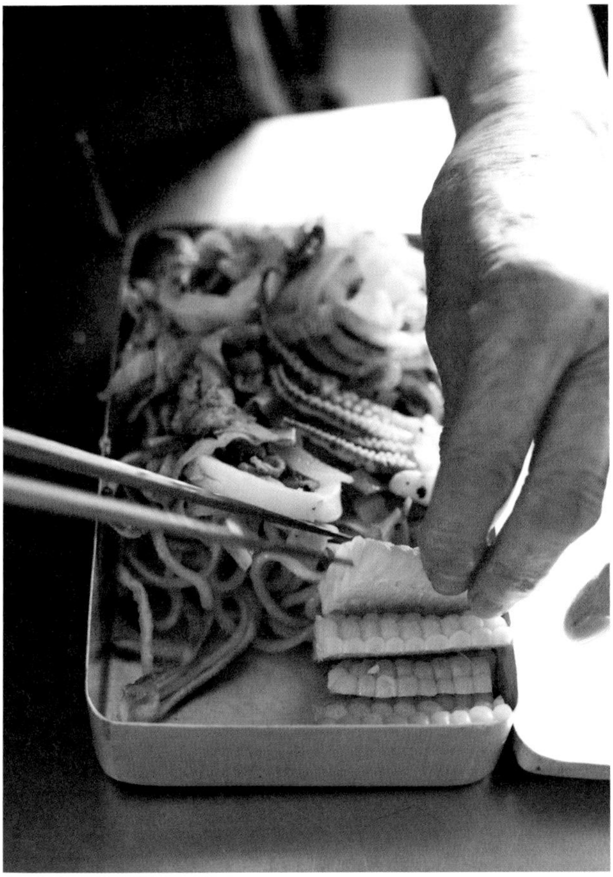

〈夏のお弁当〉

梅しそご飯弁当

夏こそ、作り置きが活躍します

梅干しの力を借りましょう

お弁当作りをしていると、「梅干しを漬けておいて本当によかった」と思います。

梅干しと一緒に食べると、白いご飯がいっそうおいしく感じられる。

赤い色がお弁当のポイントになってくれる。

酸っぱい味で口がさっぱりして、ほかのおかずをおいしく食べ進められる。

梅干しを食べるとすっきりする。

そして、梅干しを入れることで、お弁当が傷みにくくなる。

梅干しには抗菌作用があるので、夏は梅干しを1、2個入れて、ご飯を炊くのもおすすめです。また、たたいた梅をご飯に混ぜてもおいしくて、目にもきれいです。梅干しは、夏のお弁当の"安心のたね"です。

冷蔵庫や冷凍庫に作っておくといいもの

夏に食べたいものって、何でしょう？

実家では夏になると、やわらかくて香りのいい酒粕に、塩でもんだきゅうり、なす、谷中しょうがを漬けたものが食卓に上りました。夏野菜のおいしい食べ方です。今でも、うちでは野菜の粕漬けをよく作ります。お弁当のおかずにもおいしいです。

そして野菜を漬けたあとは、酒粕で塩鮭などの魚を漬けるのです。これがまたおいしい。魚を漬けるときは、シンクの排水口ネットを使うと便利なことを発見しました。ネットをすっと引っ張るだけで魚が取り出せて、粕を落とす手間もなしです。野菜は漬けてすぐから食べられます。魚は漬けて1～2日後から食べられます。

夏の野菜は魅力的です。とうもろこしは「焼きそば弁当」(46ページ)に入れた板状に切った状態で冷凍しておくといいです。粉を水で溶いた薄衣をつけて、さっと揚げれば「とうもろこしのてんぷら」に。粉と少々のベーキングパウダーを混ぜて水でゆるく溶いた衣にさっとくぐらせて揚げれば「とうもろこしのフリット」ができます。これらもお弁当にぴったり。

夏の終わりに出まわる新さつまいもは、細くて皮がきれいです。やわらかい皮つきのまま甘く煮て、冷えたものをいただくのもわが家の定番です。冷蔵庫に作り置きしておけば、お弁当には水気を取って詰めるだけ。美しい紫色と黄色で甘みのアクセントになってくれます。

新さつまいもの甘煮

夏の終わりに出まわる新さつまいもは、皮つきで煮ます。冷たくして食べるのがおいしい常備菜。すっきりとした甘さがお弁当にうれしい。

塩鮭の酒粕漬け焼き

酒粕に漬けておくだけで、魚に豊かな風味がつきます。暑いときは、発酵のきいたものをからだを求めている気がしませんか？

梅しそご飯

梅干しとしそを白いご飯に混ぜます。梅の抗菌作用で、お弁当が傷みにくくなります。ちなみに、ご飯がお弁当箱の中心！　いつも片端にご飯を詰めなくてもいいですよね。

夏野菜のベーコン巻き

いんげん、パプリカ、にんじん、元気な色の野菜をベーコンで巻きました。ちょっとコクのあるおかずで満足感が出ます。

梅しそご飯

材料　1人分
梅干し　1個
しそ　2〜3枚
ご飯　1人分

1　しそは重ねて縦半分に切り、端からせん切りにする。ざるを重ねたボウルに冷水を張り、さらしに包んだしそを浸して少しおく。指先でもんで水を数回替えて、水に茶色のアクが出なくなればOK。さらしの上からぎゅっと水気を絞る。時間がたっても色が黒ずまないよう、しっかりアク取りをする。
2　梅干しは種を除き、包丁でたたく。
3　ボウルに温かいご飯を入れ、梅干しを入れて菜箸であえる。そのまま冷まして熱を取る。
4　ご飯が冷めたら、しそを加えて混ぜ、お弁当箱に詰める。

塩鮭の酒粕漬け焼き

材料　作りやすい分量
甘塩鮭　2切れ
酒粕(クリーム状のもの)　適量

●事前にできること
1　鮭は大きければ半分に切る。
2　鮭をネットに1切れずつ入れて、酒粕に漬ける。このとき、ネットの端を酒粕の床から少し出しておくと、あとで取り出しやすい。
●当日
3　酒粕の床から、ネットの端を引き出して、鮭を取り出す。焼き網やグリルでこんがりと焼く。
●野菜の粕漬けをしたあと、魚を漬けるのがおすすめ。

夏野菜のベーコン巻き

材料　1人分
いんげん、パプリカ、にんじん　各適量
ベーコン　3枚

●事前にできること

1　いんげんは歯ごたえが残るように塩ゆでし、4等分ほどの長さに切る。

2　にんじんは皮をむいて、いんげんと同じ長さ＆大きさの棒状に切る。歯ごたえが残るように塩ゆでする。

3　パプリカはへたと種を取り、いんげんと同じ長さ＆大きさの棒状に切る。

●当日

4　ベーコンを広げて、まな板に縦に置く。端にいんげん、にんじん、パプリカを適量ずつのせ、箸で野菜を押さえながらベーコンできっちりと巻く。

5　小さなフライパンを温め、**4**を巻き終わりを下にして入れ、転がしながら焼き色がつくまで焼きつける。熱が取れたらペーパータオルで脂を拭いて、お弁当箱に詰める。

常備菜 新さつまいもの甘煮

材料　作りやすい分量
新さつまいも　800g
水　適量
酒　大さじ2
グラニュー糖　1⅓〜1½カップ
塩　小さじ1

1　新さつまいもはたわしで洗い、皮つきのまま7〜8㎜厚さの輪切りにする。塩少々を入れた水にさつまいもを入れ、10分ほどおく。

2　鍋に新しい水を入れて、さっと洗った**1**のさつまいもを入れ、水からゆでる。沸騰したら弱火にし、竹串がやっと通るくらいのかたさまでゆでて、ざるに上げる。

3　鍋に下ゆでした**2**のさつまいもを入れ、水をひたひたに注ぎ、酒を加える。グラニュー糖と塩を入れ、紙の落としぶたをして弱火で20分ほど煮る。竹串で刺して、すっと通ればよい。

4　火を止めて味を含ませ、冷めたら保存容器に移す。冷蔵庫で3〜4日保存可能。

ステーキご飯弁当

肉よりもご飯が主役。ここぞという日のごちそう弁当

牛肉のうまみをたっぷり吸ったご飯がおいしい！

ステーキご飯は、わが家の定番のごちそう。昔から作っています。うちでは家族から「ステーキが食べたい」という声は、まず上がりません。「ステーキご飯が食べたい！」とみんなが言います。それほど、肉のうまみを吸ったご飯はおいしい。お肉そのものよりも、メインは「ご飯」。お米文化の申し子ですね。

ステーキご飯には、あまりサシの多いロースよりも、ランプなどの部位が向くと思います。もも肉にはかたいイメージがありますが、さにあらず。ランプはお尻側の部位で、もも肉の中ではやわらかめ。赤身のうまみが多くて、バランスのよいお肉です。ロース用としてかたまりで売られていることが多いようです。

もちろん、お好きなステーキ肉で作っていただいてかまいません。ただし、面は小さくても厚みのある肉を使うことをおすすめします。

炊きたてのご飯で作ります

牛肉を焼いて、いったん取り出し、牛肉のうまみの出た鍋でにんにくと一緒にご飯を炒めます。

家庭でチャーハンや焼き飯を作るには、冷やご飯を使ったほうがいいと言われますが、ステーキご飯には炊きたてのご飯のほうがいいのです。

ご飯をぱらりとさせるのではなく、肉のおいしさが移ったご飯がもっちりとして、ところどころにできたお焦げがカリッとする、それがこの料理の魅力です。

お誕生日など、お祝いの日のお弁当にいかがでしょう？　あるいは、ちょっと元気がないな、と感じるときに励ます意味で。夕飯をステーキご飯弁当にして、ビールやワインと楽しむのも一興です。

カラフルトマトのマリネ

ステーキご飯には、口の中がさっぱりとする生野菜のおかずが必須。家ではよく大根のサラダを合わせますが、持ち歩くお弁当には水気の出にくいミニトマトで。スーパーで色とりどりのトマトの詰め合わせを見かけたら、お弁当用に購入。これを入れるだけで華やかになってくれます。

ステーキご飯

加える野菜はうちでは必ずクレソンと決まっています。牛ステーキ肉、にんにくのスライス、しょうゆ、クレソン。これらを白いご飯と炒め合わせるわけで、おいしいに決まっていますよね。たまにはこんなごちそう弁当もいいのでは？

ステーキご飯

材料　2人分

牛ステーキ用肉(ランプなど)　1枚(200gぐらい)
オリーブオイル　適量
塩　少々
にんにくの薄切り　2かけ分
温かいご飯　2人分
しょうゆ　大さじ1弱
粗びき黒こしょう　適量
クレソン　1束

◘ステーキ肉は室温にもどしておく。クレソンは5cm長さに切っておく。

1　中華鍋を中火で温めて、鍋底に行き渡るぐらいのオリーブオイルをひき、牛肉を入れる。すぐに塩をパラパラと少しふり、動かさずに強めの中火でじっくりと焼く。

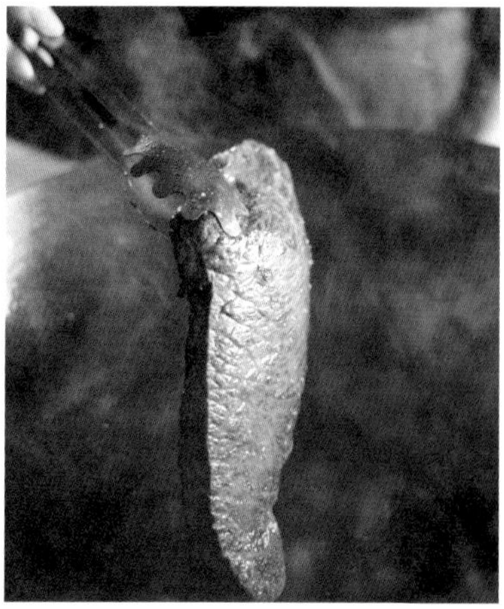

2　肉を少し持ち上げたときに鍋からすんなりと離れて、おいしそうな焼き色がついたら、ひっくり返して、もう片面を焼く。

3　牛肉を取り出して5分ほど休ませ、2.5cm角に切る。このとき、まな板に置いた肉をトングで押さえながら、まずは斜めに2.5cm幅に切り、次に逆方向から2.5cm幅に切って、格子状に切り分けるとよい。

4　肉を焼いた中華鍋にオリーブオイルを少々足して、にんにくの薄切りを入れ、弱火で炒めて香りを出す。ご飯を入れて火を強め、ほぐしつつ、鍋肌に押しつけてときどき焼き色もつくように焼きつける。

5　ご飯が焼けたら、鍋肌にしょうゆをジュッとたらす。しょうゆを少し焦がしてから牛肉を加え、肉の上にもしょうゆをかけて、黒こしょうを多めにひき、ご飯と炒め合わせる。

6　最後にもう一度、しょうゆ味のついたご飯が香ばしくなるように鍋肌にご飯を押しつけて、ところどころきつね色の焦げ目がつくように焼きつける。クレソンを加えて、さっと炒め合わせる。

カラフルトマトのマリネ

材料　２人分

ミニトマト(赤、オレンジ、黄、グリーン)　１パック
オリーブオイル　適量
バジル　少々

ミニトマトは食べやすく切り、オリーブオイルをかけてマリネする。バジルを添える。

ドライカレー弁当

日常のお弁当は2品主義でいいんじゃない？

まずは、1品で満足できるメインの料理を

おかずをあれこれたくさん作って、お弁当箱の中に美しく詰めるお弁当はもちろんすてきだし、作るのも楽しいです。そういうお弁当作りも大好きだけれど、フライパンひとつでさっと作った1品を詰めて、添えの野菜はピクルスなどの作りおきで、そんな気軽な日があってもいいと思う。気軽なお弁当も、おいしいですから。

オムレツ弁当(42ページ)、ステーキご飯弁当(54ページ)、焼きそば弁当(46ページ)。いずれもうちの定番料理を、メインにばんっと1品だけ入れたお弁当です。

お弁当用に考えたおかずではなく、いつも作っている、家族に人気のある料理。その中から、持ち歩くお弁当にも向くものを選ぶ。日常的なお弁当は、それでいいと思います。そのほうがマンネリにならないです。

夏場にうちでよく作るドライカレーも、お弁当に向きます。日本のお米と合うように、しょうゆで味をつけるのがわが家流。カレーのような味の強いものは冷めてもおいしく、ご飯がしっかり食べられるのがいいところ。暑い日におすすめです。

2品めは、単調さを助けてくれるおかずを

お弁当で大事なのは「脇役のおかず」です。たとえばドライカレーなら、味のアクセントにちょっと酸っぱいピクルスが欲しい。その1品があるとないのとでは、食べたときの楽しさがまるで違います。

2品主義もいいものです。好きな料理を1品詰めて。その料理を引き立ててくれる「味」「色」「香り」「形」の脇役のおかずをちょっと添える。たとえばオムレツには、カラフルで香ばしさのある焼き野菜を。ステーキご飯には、口の中をさっぱりさせるフレッシュなミニトマトを。ピリ辛味で食べる焼きそばには、甘くて黄色いとうもろこしを。2品めには生に近い手をかけない野菜や、作り置きのおかずが活躍してくれます。添えの野菜にぬか漬けもおいしいです。

ピクルス（紫玉ねぎ、パプリカ、きゅうり、にんじん、ディルの花）
ときおり酸っぱいピクルスを口に入れて、カレーを食べるのがまたおいしい。線香花火のようなディルの花は、わが家のベランダ栽培をピクルスにしたもの。香りがよく、見た目のアクセントにもなります。

ご飯

ドライカレー
フライパンひとつで簡単に作れます。一度にたくさん作って、冷凍しておいてもいいのです。スパイスをきかせて、塩気も少ししっかりめにつけると傷みにくいです。

月桃の葉
月桃とはかつて沖縄で出会い、すっかり魅せられてしまいました。ショウガ科ハナミョウガ属の多年草で、沖縄では山野に自生し、民家の庭先でも見かけます。古くから薬草として用いられ、葉にも種子にも薬効成分が豊富とか。葉には抗菌作用があるので、夏場のお弁当の仕切りにもぴったりです。ここで使用したのは、スタイリストの千葉美枝子さんがご自宅のベランダで育てている月桃の葉です。

ドライカレー

材料　作りやすい分量

〈ドライカレー〉

豚ひき肉　150gぐらい
玉ねぎのみじん切り　中1/3〜1/2個
しょうがのみじん切り　大さじ1
オリーブオイル　大さじ1
クミン(好みでカルダモン、クローブなど)
　小さじ1
シナモンスティック　1本(半分に折る)
赤唐辛子　1本
カレー粉(インディアンカレーなど好みのもの)　適量
しょうゆ　大さじ1強ぐらい
塩、こしょう　各少々

ご飯　適量

1　フライパンを温めてオリーブオイルをひき、クミン(ホール)を炒める。玉ねぎ、しょうがを中火で炒め、玉ねぎがしんなりしたら、シナモンスティック、赤唐辛子を加えて炒める。

2　ひき肉を加えて、ほぐしながら炒め合わせる。

3　カレー粉大さじ1程度を加えて、よく炒める。

4　カレー粉が全体になじんだら、しょうゆを加える。味見をして、塩、こしょうで味を調え汁気がなくなるまでよく炒めたら、火を止めて冷ます。

5　お弁当箱にご飯を詰めて、上にドライカレーをのせる。

常備菜 ピクルス

材料 作りやすい分量

紫玉ねぎ　中½個
きゅうり　1本
にんじん　小1本
パプリカ(赤、黄)　各½個
フェンネルシード　適量
塩　少々
ディル　適量
　＊あればディルの花の酢漬け　適宜
粒こしょう(黒でも白でも)　大さじ2
ローリエ　2枚
白ワインビネガー　適量
水(沸騰させて冷ましたもの)　適量
メープルシロップ　適量

1　紫玉ねぎは6～7mm幅のくし形に切る。きゅうりは縦半分に切って種を取り、4等分長さに切る。にんじんは皮をむき、きゅうりと同じ大きさに切る。パプリカはへたと種を取り、きゅうりと同じ大きさに切る。
2　1の野菜とフェンネルシードをボウルに入れて塩をふり、しばらくおいて、水気を絞る。

A

C

B

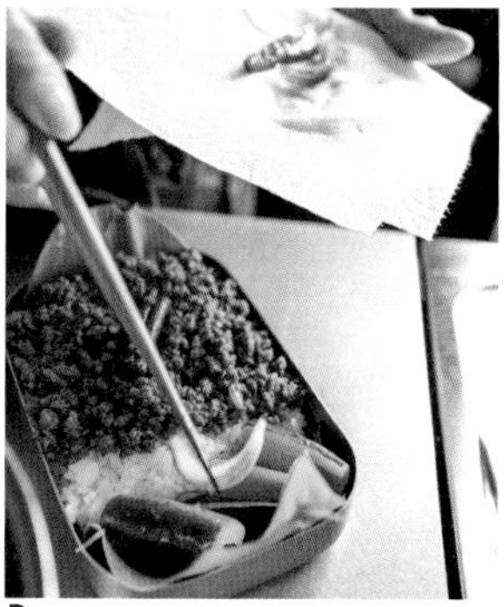
D

3　別のボウルに白ワインビネガーと水を合わせて、好みの酸味にする。いったん加熱しておくと日もちする。メープルシロップ少々を加えて、好みの甘みをつける→A。粒こしょう、ローリエを加えて混ぜる。
4　2の野菜にディルをちぎって加え→B、ディルの花の酢漬けを加えて混ぜる。
5　4に3のマリネ液を加える→C。
6　清潔な保存瓶に5を移し、野菜にかぶるまでマリネ液を注ぐ。この状態で冷蔵庫に入れておくと、1か月ぐらいは色があまり変わらず楽しめる。ペーパータオルで汁気を取って、お弁当箱に入れる→D。

ディルの花の酢漬け

プランターでディルやフェンネル、パセリなどを育てていたら、いつの間にか花盛りに。塩を入れた湯でさっとゆで、ビネガー＋沸騰させた水に漬けておけば、長期保存ができ、お弁当のアクセントにも。

クスクス弁当

たまに変化球を投げると、これが意外に大好評！

クスクスは粒状のパスタ

クスクスはデュラム小麦を粒状にした、パスタのようなものです。モロッコを中心とした北アフリカから中東でよく食べられていて、フランスやイギリスなどのヨーロッパ、アメリカや中南米と広い範囲で親しまれています。

日本でも、箱に入ったクスクスを輸入食品コーナーでよく見かけます。長期間もつ乾物なので、ストックしておくととても便利。「ご飯を炊く気分ではないし、パンもきらしていて食べるものがない」「食べたいものが思いつかない」なんていうときに、クスクスがあると助かります。

モロッコなどの本場では生のクスクスを蒸して食べますが、私はドライの箱入りをまずはお湯に浸してもどしています。

そしてお湯でもどしたクスクスにオリーブオイルをたっぷりまわしかけて、優しい火加減で炒めて、さらさらにするのです。こうすると一味も二味も違って、サラダにうってつけで、クスクスだけを食べてもおいしい！　もどしてさらさらに炒めたクスクスは、冷蔵庫に入れておけば2～3日は変わらず食べられます。夕食に、お肉や魚介や野菜をたっぷり入れたトマト味のスパイシーなシチューを作って、クスクスにかけて食べると、とっても美味。さらに翌日や翌々日に、サラダ仕立てにしたクスクスをお弁当に持っていけるお楽しみがあります。

エスニックレストランがたくさんある時代なのですから、たまにはこんなエキゾチックなお弁当もいいのでは？　作るのも楽しいです。

クスクスに混ぜるもの、混ぜないもの

クスクスに野菜や豆などをたくさん混ぜて、ハーブやスパイスも加えると、ヘルシーでさわやか。サラダだけれど、おなかにたまるのでお弁当にもぴったりです。ビーガンの方にもいいですね。

クスクスには何を混ぜてもよくて、決まりはなし。自由です。私はひよこ豆やレンズ豆をたっぷり混ぜるのが好き。キドニービーンズでも、ゆでた大豆でもいいです。野菜もなんでもOK。ただ、お弁当に持っていくならば、水気の出ない野菜、変色しない野菜を選ぶこと。クスクスのサラダにはミントをたくさん入れると香りがよくておいしいのですが……ふたを開けたときに、黒っぽい葉っぱが出てきたらちょっと残念。バジルも黒くなります。お弁当には避けたほうがいいでしょう。ハーブでもイタリアンパセリやディルは変色しにくいのでおすすめです。

ラム肉の揚げ団子

香ばしい肉団子がクスクスと好相性。ラムでなくても、牛、豚、鶏、合いびきなど肉は好みのものでよく、ぺっちゃんこにしてフライパンで焼いてもいいのです。

ライム

全体にぎゅっと搾っていただきます。さわやかな独得の香りときりっとした酸味で、エスニックなお弁当の味を引き立てます。

クスクスのサラダ
（ひよこ豆、きゅうり、イタリアンパセリ、香菜、ミニトマト）

豆とハーブと野菜がたっぷり入っています。サラダとご飯（主食）の中間のような軽さで、一度食べるとリクエストされること間違いなし。さわやかなおいしいさ。

A

C

B

D

作り置きできるクスクス

材料　作りやすい分量

クスクス　適量(1人分80gが目安)
熱湯または水　適量(80gに対して110mℓが目安)
オリーブオイル　適量
塩　少々

1　クスクスを鍋に入れて、かぶるぐらいの熱湯(または水)をまわし入れる。水分が足りないとかたくなるので、クスクスが浮いてくるぐらいに熱湯を加えるのがコツ。ふたをして10〜15分、そのままおく。
2　クスクスが水分を充分に吸ってふっくらしたら、オリーブオイルをまわし入れ→**A**、弱火にかける。木べらでほぐしながら炒め、クスクスが乾いた感じになったらオリーブオイルをそのつど足して炒める。木べらで鍋底からはがすようにして、さらさら、ぱらぱらになるまでじっくり炒める→**B**。
3　塩をごく軽くふって混ぜ、火から下ろす。冷めたら保存容器に移して冷蔵庫で保存する。

クスクスのサラダ

材料　2人分

もどしたクスクス　2人分
ひよこ豆(水煮)　小1缶
クミンパウダー　大さじ1〜2
塩　少々
きゅうり　½本
イタリアンパセリ、香菜　各適量
ミニトマト(アメーラ赤、黄)　各4〜5個

1　きゅうりはごく薄い輪切りにして、塩をふり、しばらくおいて水気を固く絞る。イタリアンパセリ、香菜は粗みじんに切る。ミニトマトは食べやすく輪切りにする。
2　もどしたクスクスをボウルに入れ、缶汁をきったひよこ豆を加えて混ぜる→**C**。
3　**2**に塩をふり、クミンパウダーをふって混ぜる。きゅうり、イタリアンパセリ、香菜を加えて混ぜる→**D**。
4　ミニトマトを加えてさっくりと混ぜる。

ラム肉の揚げ団子

肉はもちろん、大豆やひよこ豆をペースト状にして丸めたファラフェルでもクスクスに合います。

材料　2人分

ラムのもも肉　200g
　＊骨つきのラムの骨を除いて使用してもよい
玉ねぎ　中1/3個
にんにく　1かけ
卵　1個
クミンパウダー　小さじ1/2〜2/3
塩　少々
揚げ油　適量

●事前にできること

1　玉ねぎ、にんにくはみじん切りにする。
2　ラム肉、**1**の野菜、卵、クミンパウダーと塩をボウルに入れ、よくかき混ぜる。
3　**2**の肉だねをぬらした手で一口大に丸める→**A**。大小いろいろな大きさがあってもかわいい。バットに入れてふたをし、冷蔵庫に入れておく。

●当日

4　揚げ油を中温に熱して、ラムの団子を入れ、こんがりと色づくまで揚げる→**B**。角ざるに上げて冷ます。
●揚げるのではなく、フライパンで焼いてもよい。その場合は団子を平たくして、多めのオリーブオイルで両面をこんがり焼く。

●ラムでなくても……

ラムが手に入らなければ、あるいはラムが苦手ならば、合いびき肉や豚や牛でお団子を作ってもよいです。

A

B

詰め方

1クスクスのサラダをお弁当箱に詰める。**2**肉団子を少し埋めるようにのせる。**3**あれば生唐辛子の小口切りをクスクスの上に散らし、ライムを添える。

ピアディーナ弁当

パンの原型、ピアディーナを焼く

粉とイーストの生地を作り置きしましょう

フラットなパンは、中東や地中海沿岸地方の伝統的なパンです。生地が同じでも厚みや形が違うと呼び名も変わり、イタリアではピアディーナとかフォカッチャと呼ばれますが、いずれもごくシンプルな生地で作ることができます。実はイーストがなくても大丈夫なくらい。粉と水を混ぜてこねて、常温で2〜3日おいておけば、自然に発酵してふくらんできます。おそらくこれがパンの原型なのでしょう。

家で作るなら粉とイーストに水を混ぜて冷蔵庫に入れておくと、3日くらいは使えます。生地を小さく平らにのばしてフライパンで焼いたり、油で揚げたり。いわゆるパンのような手間はかかりませんので、難しく考えずにトライしてみてください。

サラミやハムをはさんでも美味

焼いたピアディーナにオリーブオイルと粗塩をまぶして食べると、それだけでとてもいい味です。

焼いたチキンとクレソンの組み合わせは、他に代えがたい味。チキンは前日に焼いておいたほうが、味が落ち着いてむしろ美味。ですから、朝はピアディーナをフライパンでこんがりと焼き、チキンと野菜をはさむだけでおいしくいただけて、とっても楽です。チキンを焼く時間がなければ、サラミや生ハム、チーズをはさんでもいいし、野菜も生でも火を通したものでもいいのです。

意外なところではほうれん草がおすすめ。ゆでたほうれん草を食べやすく切り、さらしに包んでぎゅうっと、これ以上は水が出ませんというぐらいに固く絞ります。かさかさ、ぱらぱらになるまで水気を絞るのがコツ。これはイタリア中部の野草の食べ方で、私は日本ではほうれん草で作ります。ほうれん草とパンチェッタやベーコンを一緒にピアディーナにはさむと、本当によく合う。イタリア気分を満喫できるお弁当です。家で食べるなら、これに赤ワインがベストマッチ。

クレームカラメルのデザートもイタリア風にほろ苦いカラメルで。空き瓶で作れば持って行けます。

いんげんと
紫玉ねぎのサラダ
ちょっと酸っぱい味が欲しいので、サラダを添えました。ピアディーナとは別の容器に入れて、みずみずしさを味わいます。

ピアディーナ
（チキンの
ローズマリー焼き／
ルッコラとクレソン）
生地を作って冷蔵庫に入れておけば、すぐに平らなパンが焼けます。こんがり焼いたピアディーナは、買ってくるパンよりも気分が上がります。チキンと苦みのある野菜をはさむのが、わが家の定番です。

クレームカラメル、
ラズベリーのせ
事前に作っておける簡単なデザートです。空き瓶にプリン液を入れて蒸せば、そのまま持っていけて楽しい。カラメルソースは半永久的にもつので作り置きしておくといいですね。

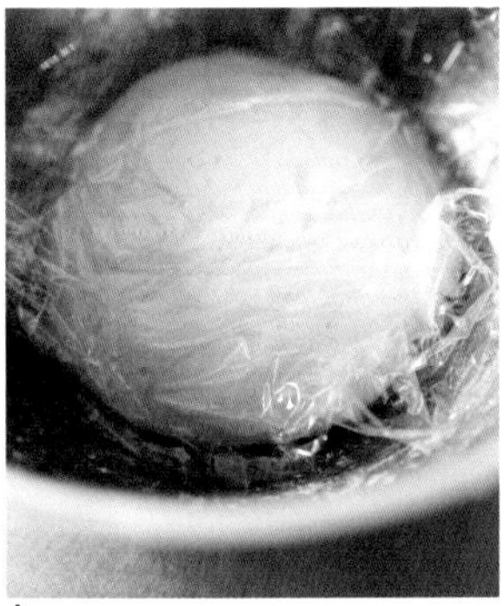
A

D

B

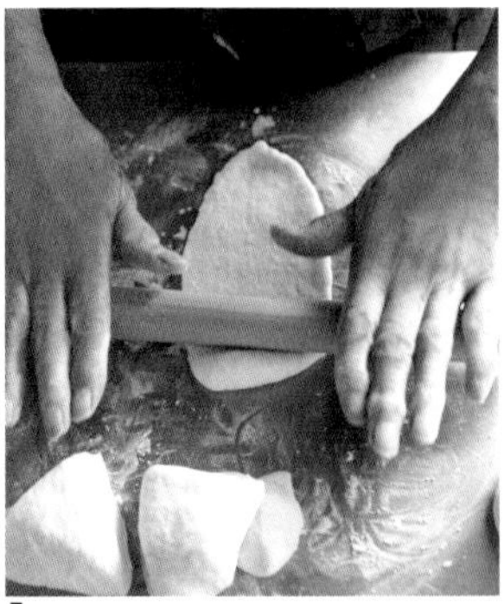
E

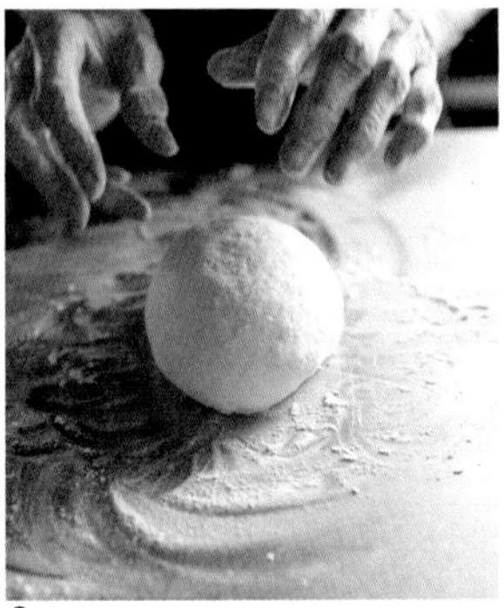
C

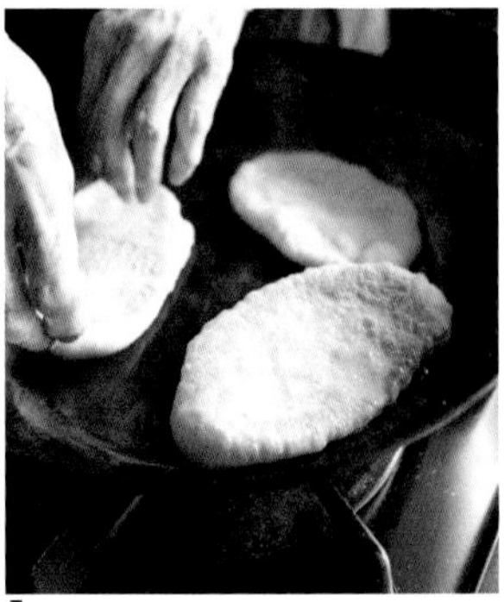
F

作り置きできるピアディーナ

材料　作りやすい分量

〈生地〉

　薄力粉、強力粉　各60ｇ

　ドライイースト　1.5ｇ強

　塩　少々

　砂糖　小さじ1

　水　75mℓぐらい

オリーブオイル　適量

●事前にできること

1　ボウルにざるを重ねて、薄力粉、強力粉、ドライイースト、塩、砂糖を入れ、ざるを通して粉類をふるう。

2　別のボウルに水75mℓを用意し、**1**の粉類に少しずつ加えて混ぜる。合わせて75mℓ程度の水が必要。少しべたつくけれど生地がよくのびて、パン生地よりも少しやわらかめになり、なんとなくボウルの中でひとつにまとまったら、打ち粉をした台の上に取り出す。

3　生地を手前から両手でぐいっと押して、左右からたたんでまとめ、また手前からぐいっと押して……を繰り返して、生地をこねる。触ると気持ちのいい、お餅みたいなやわらかさになったら、表面を手できれいに整えてボウルに入れる。

4　**3**にラップをかけて、30℃ぐらいの温かい場所に1時間〜1時間半おき、約3倍にふくらむまで発酵させる→**A**。仮に冷蔵庫に入れておいても、まる一日すればふくらんでくる。

5　発酵させた生地を取り出し、打ち粉をした台の上で2分ほどこねる。6等分ぐらいに分割し、軽く丸めてふたつきの容器に入れて冷蔵する。生地がふくらむので大きめの容器がよい。2〜3日冷蔵保存可能。

●当日

6　生地を必要な量だけ取り出し、打ち粉をした台で軽く丸めてなめらかにする→**BC**。

7　スケッパーで半分に切り→**D**、麺棒に打ち粉をして12〜13cm長さにのばす→**E**。

8　フライパンを温めてオリーブオイルをひき、**7**を入れて弱火で焼く。色がついたら返して、反対の面も焼く→**F**。プレートなどに取り出して熱を取る。

チキンのローズマリー焼き

材料　2人分
鶏むね肉　1枚
塩、こしょう　各少々
ローズマリー　2枚
オリーブオイル　適量

◎事前にできること

1　鶏むね肉はバットに入れて、塩、こしょうをふり、ローズマリーをちぎってまぶし、オリーブオイルをまわしかける→A。この状態でふたをして(ラップをかけて)冷蔵庫に入れておき、翌日焼いてもよい。あるいは前日に焼いてもよい。

2　鉄のフライパンを温めて、1の鶏肉を皮目を下にして入れ、弱めの中火でじっくりと焼く→B。足りなければ途中でオイルを足して焼き、皮目がパリパリに焼けたら返して、反対の面も軽く焼き、よく火を通す。

ピアディーナ

材料　1人分
焼いたピアディーナ　2〜3枚
チキンのローズマリー焼き　適量
ルッコラ、クレソン　各適量

1　チキンのローズマリー焼きを手で食べやすくさき、フライパンに残ったオイルとローズマリーをまぶす。ルッコラ、クレソンは根元のかたい部分を取る。

2　ピアディーナにチキン、ルッコラとクレソンをはさみ、半分に折ってワックスペーパーを敷いたお弁当箱に詰める。

A

B

いんげんと紫玉ねぎのサラダ

材料　1人分
いんげん　8本ぐらい
紫玉ねぎのピクルス(61ページのピクルスの中から使用)
　適量
オリーブオイル、塩、こしょう　各適量

1　いんげんは冷水につけて、ぱりっとさせる。塩少々を入れた熱湯でゆで、引き上げて冷ましておく。
2　**1**をボウルに入れて、紫玉ねぎのピクルスを合わせ、軽くオリーブオイル、塩、こしょうをふってあえる。

クレームカラメル、ラズベリーのせ

材料　小ガラス瓶2個分
卵　1個
砂糖　大さじ2
牛乳　100mℓ
＊カラメルソース　適量
ラズベリー　10〜12個

○事前にできること
1　ボウルに卵を割り入れ、泡立て器で溶きほぐす。砂糖を加えて混ぜ、牛乳を加えて泡立て器で混ぜる。
2　小さな空き瓶に**1**を移し、静かに湯気の立った蒸し器で10分ほど蒸す→**A**。
3　熱が取れたらカラメルソースを上からかけて→**B**、ふたをして冷蔵庫で冷やす。
○当日
4　**3**の上にラズベリーをのせる。

カラメルソース
厚手の鍋にグラニュー糖1カップ、水大さじ6を入れ、中火にかける。ときどき鍋を揺すりながら、好みの焦げ色になるまで焦がして、カラメルソースを作る。甘く、ほろ苦く作るとイタリア風。清潔な瓶に移して保存する。室温で長期保存が可能。

A

B

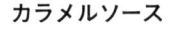

きじ焼き弁当

無性に食べたくなる、永遠のお弁当

記憶の中の「あの味」を作り続けています

きじ焼き丼やきじ焼き弁当を作るのは、「おいしかった」という味の記憶が自分の中に鮮明にあるからです。私は5人兄弟の末っ子で、なんだかのんびりと育てられたようです。料理好きな母のお供で築地へ買い出しに行くのが、子どもの頃の楽しみでした。

卵焼き屋さんの前で、大きな卵焼きが焼けるのを飽きずにずっと見ていたり、珍味屋さんで好物のもずくを買ってもらったりして、お昼どきには母とおすし屋さんなどで外食をします。

あるとき、焼き鳥屋さんに入り、初めてきじ焼き丼を食べました。そのおいしかったこと！　あまりにおいしくて、そのときに食べた味が今に至るまで、ずっと自分の中に残っているのです。その記憶の味を頼りに作り続けているのが、うちのきじ焼き丼、きじ焼き弁当です。もちろん、小学生のときに食べた味そのまま……であるわけがありません。でも、「あのおいしさ」を自分なりに再現する気持ちで、いつも作っています。

甘みにメープルシロップを使う理由

小学生のときに出会ったきじ焼き丼のレシピは、当然ながら知りません。それでも、鶏肉を網で焼いて、焼きたてを甘辛いたれにジュッとつけて……と、シンプルな料理ですから、こうだろうなと想像することはできます。

ポイントはたれです。最初は酒、しょうゆ、みりんを煮詰めて作っていました。私は砂糖の甘さがあまり好きではないので、みりんを使っていたのです。10年ほど前でしょうか、仕事でカナダの生産地をまわったことから、メープルシロップのすっきりとした甘さを知りました。以来、メープルシロップを料理の甘みとして愛用しています。

メープルシロップは和食にとても合います。中でもゴールデンと表示されているものが、繊細な味わいで料理に使いやすいです。この本でもたびたびメープルシロップを使っていますが、もちろんみりんでも砂糖でもお好きなものでいいのです。その場合、みりんなら煮切ってアルコールを飛ばし、砂糖ならメープルシロップより分量的には少なめに入れます。

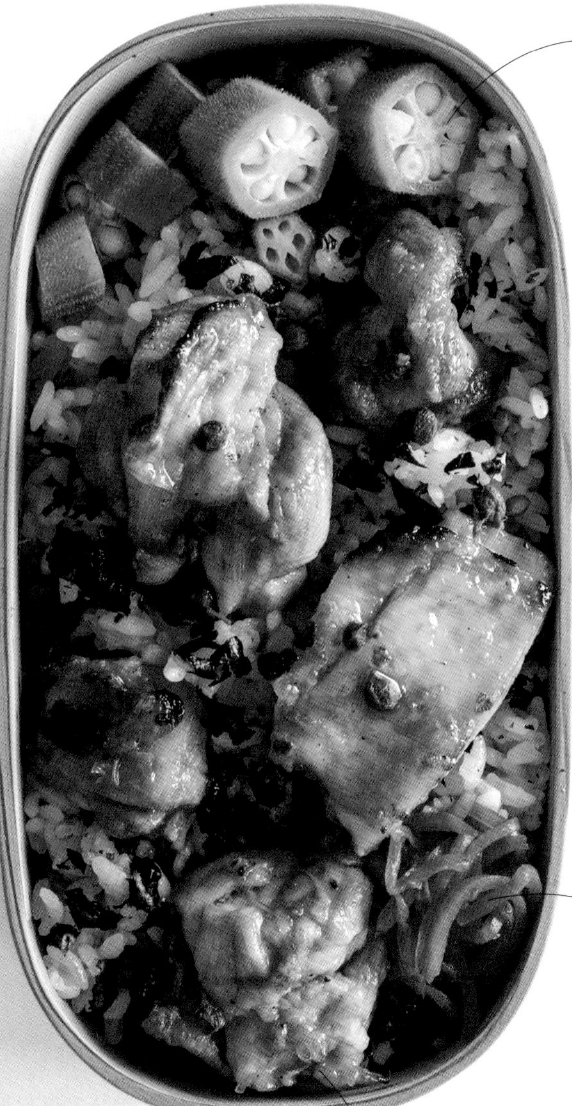

ゆでオクラ

青みはオクラで。このお弁当には、塩ゆでしただけでさっぱりと食べるのが向きます。

紅しょうが

きじ焼き弁当に紅しょうがは欠かせません。

きじ焼き丼

鶏肉を焼くときにもうもうと上がる煙の味……とでも言うのでしょうか、スモーキーな香りと甘辛味の組み合わせがいいのです。たれに実ざんしょうを加えるのが私の好み。実はこのお弁当、箸を入れるとご飯の間にも海苔＋鶏肉が隠れている二段弁当。思わず食べる人の頬がゆるむ仕掛けです。

きじ焼き丼

材料　２人分

鶏もも肉　１枚
酒　大さじ３
メープルシロップ　大さじ２
　＊またはみりん　大さじ2$\frac{1}{2}$～３
しょうゆ　大さじ２
実ざんしょう　大さじ１
ご飯　２人分
海苔　１枚
紅しょうが　適量

1　鍋に酒を入れ、強火で煮立ててアルコール分を飛ばし、メープルシロップ(またはみりん)、しょうゆ、実ざんしょうを加えて少し煮詰める→A。味をみて、足りないようなら調味料を足し、好みの味にする。
2　鶏肉を大きめの一口大に切り、焼き網で少し焦げ目がつくぐらいに、こんがりと焼く→B。
3　鶏肉が焼けるそばから、**1**のたれにつけて、しっかりと味をからめる→C。
4　海苔を細かくちぎり、さらに指先でもむようにして細かくする。
5　ご飯の熱が取れたら、お弁当箱の深さの$\frac{1}{3}$ぐらいまで入れて、箸で平らにならす→D。上にもみ海苔を散らす。その上に鶏肉をのせて→E、たれを少しかける。上にご飯をかぶせる→F。
6　**5**のご飯の上にもみ海苔を散らす。 上に鶏肉をのせて→G、たれをご飯にしみ込むようにかける→H。紅しょうがを添える。

A

B

C

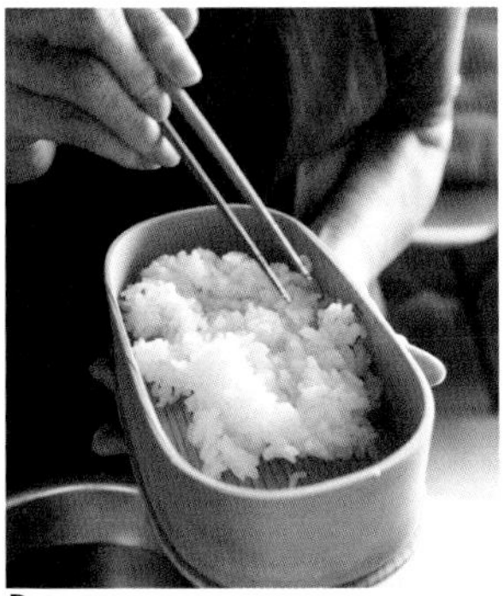
D

E

F

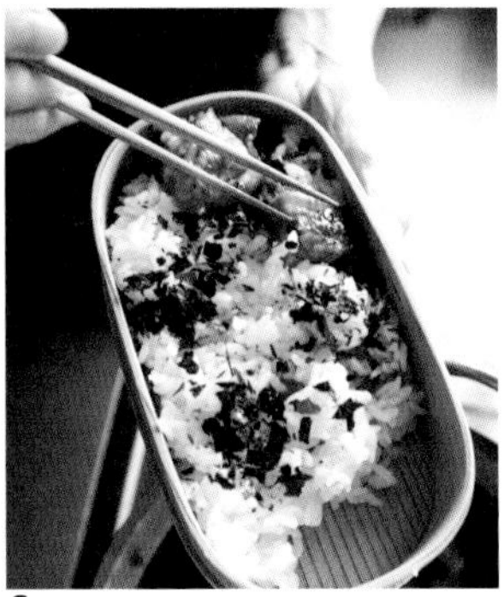
G

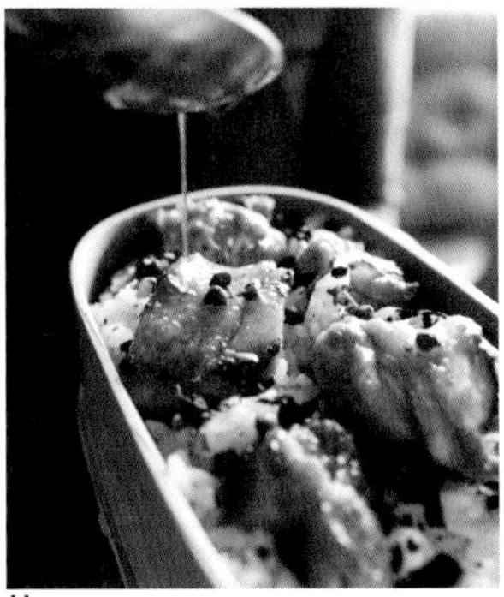
H

●実ざんしょうが初夏に出まわると、さっとゆでて冷凍しておきます。甘辛味に、ピリッとする実ざんしょうを加えた味が好きです。

ゆでオクラ

オクラ適量をまな板にのせ、塩をふって板ずりする。塩つきのまま沸騰湯に入れて、色が鮮やかになったら引き上げ、ざるに上げて冷ます。

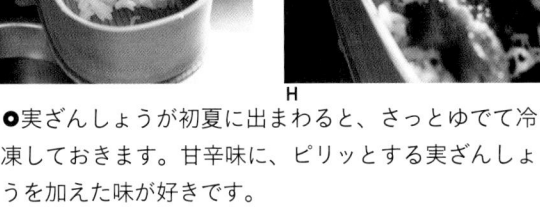

細巻きずし弁当

野菜だけを芯にする細巻きずし、人気者です

なんでも巻きずしの具になります

巻きずしというと、「まぐろがなくちゃ……」「かんぴょうを煮るのが手間」と思うかもしれませんが、わが家の細巻きずしは野菜だけの具で作ります。見た目がきれいで、食べやすくて、どなたにも喜ばれる、とてもいいお料理だと思います。

これを作りはじめたきっかけは、ずいぶん前のことですが、イタリアでごはん会に呼んでいただきました。あちらでお呼ばれすると、みんなはワインを持っていったりするのですが、私がワインというのもねえ、と思って。何を持っていこうかな……と考えていたら、たまたま日本から持ってきたお米と海苔があったのです。訪ねる先はお肉を食べない友人宅なので、「そうだ、野菜だけで細巻きずしを作りましょう。皆、おすしは好きだし、食べておいしいし、手でつまんで食べやすいし、いいんじゃない？」と。

イタリアの田舎にはおいしい野菜がたくさんあります。にんじん、きゅうり、セロリ、ズッキーニ、ピーマン……生で食べられる野菜をあれこれ、せん切りにして塩もみして。薄めたワインビネガーと砂糖と塩で、すし酢を作って細巻きずしを作り、切り分けて箱に詰めたら、カラフルですごくきれい。持っていったら、とても喜ばれました。いつ食べるのかなと思っていたら、最初に出てきて、箱一杯の巻きずしが宴の前菜になりました。野菜の巻きずしをつまみながら、皆でワインを楽しみました。

以来、野菜の細巻きずしは、わが家でも人が来るときの一品にしたり、お弁当にしたり。食欲のないときでもパクパク食べられる、すし飯と野菜と海苔のアンサンブルは素晴らしいのです。

蒸しただけの野菜が副菜に便利です

野菜の巻きずし弁当の副菜には、かぼちゃのごま砂糖まぶしを入れました。火を通したかぼちゃに、黒ごまと砂糖をからめただけのお料理で、お弁当を作りながら「もう1品、おかずを何にしようかな」と考えて、その場で味つけしたのです。

かぼちゃは甘く煮ないとお弁当のおかずにならない……と思いがちですが、さにあらず。火を通しただけで何も味をつけない状態のほうが、いろいろにアレンジできます。

かぼちゃは1個買っても、まるまる食べきることはまずないから、私は食べやすく切って蒸して、小分けにして冷凍しています。使うときは1回分を取り出して、室温に置いておけばすぐに解凍できます。

細巻きずし

右から、新ごぼうのみそ漬け、セロリ、にんじん、新ごぼうのみそ漬け再び、きゅうり。茶色いもの、緑のもの、オレンジや赤と、色とりどりの野菜を芯にして巻くのが楽しい。塩もみした小松菜のみじん切りや、しょうがの甘酢漬けや野沢菜漬け、たたいた梅干しを巻いてもいいです。野菜以外にも、削り節にしょうゆ少々をたらしたもの、じゃこ、つくだ煮など、いろいろ試してみてください。

かぼちゃの ごま砂糖まぶし

かぼちゃの黄色に、ごまの黒、グラニュー糖の白がきらきら。思わずぱくりと口に入れたくなる見た目です。かぼちゃを蒸しておけば、とっさにこんな副菜ができます。

A

C

B

D

細巻きずし

材料　5本分

温かいご飯　400g（1本80g）

〈すし酢〉

　酢　大さじ3

　砂糖　大さじ1

　塩　少々

にんじん　1本

セロリ　1本

塩　適量

きゅうり　1本

新ごぼう　細いもの½本

みそ　適量

海苔（½サイズ）　5枚

○事前にできること

1　にんじんは皮をむき、ごく細いせん切りにする。セロリは斜め薄切りにする。それぞれさらしで包んで塩少々をふり、しばらくおいて水気を絞る。さらしごとボウルに入れて、ふたをし、冷蔵庫に入れておく→**A**。

2　新ごぼうは長さ20cmほどに切り、縦に二〜四つに切る。ごぼうをガーゼで包む。外側にみそをぬり、ラップで包む。一晩冷蔵庫に入れて漬ける。→**B**。

3　すし酢の調味料を合わせて、砂糖と塩を溶かしておく。

○当日

4　きゅうりは縦に4等分に切り、4等分の長さに切る。にんじん、セロリはもう一度水気を絞る。

5　炊きたてのご飯をボウルに移し、熱いうちにすし酢をまわしかけて切るように混ぜる。そのままおいて粗熱を取り、1本分80gずつに分けてラップで軽く包んでおく→**C**。

6　まな板の上に巻きすを広げて、海苔をのせる。海苔の向こう側を2cmほど残して、すし飯を均一に広げる。真ん中よりもやや手前に、にんじんをのせる→**D**。にんじんを両手の指で押さえながら、巻きすの手前を持ち上げて巻き、手前のご飯と向こう側のご飯が合わさるように、くるりと巻く。海苔の最後まで巻いたら、巻きすからはみ出ている左右のすし飯などを、ぬれたふきんで軽く押して形を整える。

7　セロリ、新ごぼうのみそ漬け、きゅうりも同様に巻く。

8　包丁をぬらして、ふきんで拭き、細巻きずし1本を真ん中で切り、その左右を3等分に切る。細巻きを切るごとに、包丁をぬらしてふきんで拭くことを繰り返すと、きれいに切ることができる。

かぼちゃのごま砂糖まぶし

かぼちゃ（切って蒸したもの）をボウルに入れて、グラニュー糖、黒いりごま各適量をふる。ボウルを上下にふって、かぼちゃ全体に砂糖とごまをまぶしつける。こうしてお弁当箱に入れると、食べる頃には砂糖がなじんでおいしくなっている。

◎かぼちゃを蒸しておくと……

オリーブオイル、ビネガー、塩をまぶしてサラダにしてもよし。つぶしてバターをからめてもよし。春巻きの具にしてもよし。かぼちゃは甘い味にしても、辛い味にしてもおいしいです。切って火を通した状態で冷凍しておくと、とても重宝します。

三色弁当

一色でも二色でもいいのです

鶏そぼろを冷凍しておくと、お弁当作りが楽になります

お弁当のおかずの定番中の定番、鶏そぼろ。しょうゆと甘みで味をつける、和食の王道のおいしさです。

4本の箸でかき混ぜながら煮て、ぱらぱら、しっとりに仕上げるのがコツです。また、冷めながら味を含むので、作ったら時間をおきたいもの。落ち着いて作りたいですから、私は時間のあるときにまとめて煮て、冷凍しておきます。鶏そぼろは冷凍できるのです。

バットにあけて冷めたら、だいたい1食分ずつをなるべく平らにしてラップで包むか、冷凍用保存袋に平らにして入れて冷凍します。使うときは前の晩に冷蔵庫に移し、当日温め直します。

これだけをご飯にのせてもいいですし、おかずが寂しいかな、なんていうときにちょこっと入れるのにも便利です。三色弁当にしてもいいし、お弁当の卵焼きに混ぜることもよくします。

ご飯の間にそぼろを敷いて、上にもご飯をのせて二層にするのもおいしいですよね。とにかくご飯に合う鶏そぼろです。

三色めを何にするか

三色ご飯といえば、鶏そぼろ、卵そぼろ、ゆでたいんげんなどの青みが一般的ですが、それを守らなきゃいけない決まりはありません。もっと自由になりましょう。

鶏そぼろを二段にして、野菜のおかずを添えてもいいし。鶏そぼろと卵そぼろの二色でもいいし、冷凍庫に常備してあるひじき煮を入れて三色にしてもいい。

野菜も、ほうれん草でも小松菜でも春菊でも、ゆでて水気を固く絞って、しょうゆ洗い(12ページ)して入れたり。ゆでた青菜にこだわらず、うちではきゅうりのぬか漬けをまるまる1本分入れたりもします。きゅうりのぬか漬けが大好きで、一度に何本も食べてしまう娘がいたので、お弁当にぬか漬けは大ありなのでした。

きゅうりのぬか漬け
お弁当にぬか漬けはいいものです。発酵のうまみとほのかな塩分で、口の中をさっぱりとさせてくれる「野菜のおかず」です。

ひじき煮
うちではひじきを調味料だけで煮て、冷凍保存しています。卵焼きに入れてもいいし、ゆで野菜とあえてもいい。いろいろにアレンジできて飽きがきません。おすすめです。

卵そぼろ
ミモザの花のように黄色くてふっくらとして、優しい甘さ。卵そぼろは前の日に作っておいても大丈夫です。鶏そぼろもひじきもぬか漬けも当日でなくていいから、実はこのお弁当はどうしても朝に作らなきゃ、というものがないのです。

紅しょうが
初夏に新しょうがをかたまりのまま、赤梅酢(梅干しを漬けるときの副産物)で漬けています。淡くて渋めのピンク色。厚めに切ることもできる。自家製の漬物はお弁当に役立ちます。

鶏そぼろ
甘じょっぱくて、口の中でぷちぷち。きっとみんなが永遠に好きな料理ですね。お弁当には、少し濃いめに味つけをすると時間が経ってもおいしくいただけます。

ご飯

常備菜 鶏そぼろ

材料　作りやすい分量
鶏ひき肉　200g
しょうが　1かけ
酒　大さじ4
メープルシロップ　大さじ2〜3
　＊またはみりん　大さじ3〜4
しょうゆ　大さじ2強

1　しょうがは皮をむき、みじん切りにする。
2　鍋に鶏ひき肉、しょうが、酒、メープルシロップ(またはみりん)→A、しょうゆを入れ、菜箸を4〜5本使ってよく混ぜる。火にかける前に鶏肉をよくほぐしておくのが、ぱらぱら＆しっとりと仕上げる第一のコツ→B。
3　強火にかけて、4〜5本の菜箸でかき混ぜながらいる。絶えずかき混ぜながら火を入れるのが、ぱらぱら＆しっとりに仕上げる第二のコツ。
4　味見をして、足りなければしょうゆや甘みを足し、好みの味つけにする。ひき肉を寄せて鍋を傾けたとき、中央に汁気が出てくるようなら、まだ煮詰め方が不足。さらに火にかけて、汁気が完全になくなるまでいる→C。
5　バットにあけて冷まし、熱が取れたら小分けにして冷凍する。

A

D

B

E

C

卵そぼろ

材料　作りやすい分量
卵　3個
卵黄　1個分
酒　大さじ2
メープルシロップ　大さじ1½〜2
　＊または砂糖　大さじ1
塩　少々

●事前にできること
1　ボウルに卵と卵黄を割りほぐし、カラザを取り除く。
2　底辺が広い鍋(底の角が丸い、昔ながらの日本の段付き鍋や雪平鍋が最適)に1の卵、酒、メープルシロップ(または砂糖)、塩を入れて、3〜4本の菜箸でよく混ぜる→D。味見をして、必要ならば調味料を足し、好みの味に調える。あとからは味を足せないので、火にかける前に味見をする。
3　2を強火にかけて、3〜4本の菜箸で絶えずかき混ぜながらいる。卵が固まってきたら、ときどき火を止めて混ぜ、様子を見ながら全体に均一に火を通す。最後は火を止めて混ぜ、余熱でふんわりと火を通す→E。

常備菜　ひじき煮

材料　作りやすい分量
長ひじき(乾燥)　20g
太白ごま油　大さじ1½
酒　大さじ3
みりん　大さじ2〜3
しょうゆ　大さじ2

1　ひじきはたっぷりの水につけて、歯ごたえが残るようにもどす。水気をきって、食べやすい長さに切る。
2　フライパンを温めて油をひき、ひじきを入れて中火で炒める。全体に油がまわったら、酒、みりん、しょうゆを加え、ときどき混ぜながら汁気がほとんどなくなるまで煮る。
3　バットに移し、熱が取れたら1食分ずつラップで包むか、冷凍用保存袋に入れて冷凍する。

きゅうりのぬか漬け 紅しょうが

浅漬けのきゅうりは斜めに切る。保存瓶から出した紅しょうがは、食べやすく切り、ペーパータオルで水気を拭いてお弁当箱に添える。

詰め方

1向こう側に少し空きを作って、お弁当箱にご飯を詰める。2鶏そぼろを大さじですくって、箸で少しずつ落とすようにして手前のご飯の上にのせる。3卵そぼろを大さじですくって、箸で少しずつ落とすようにして鶏そぼろの隣にのせる。4向こう側に作った空きスペースにきゅうりのぬか漬けを詰める。5残りのご飯の上にひじき煮をのせる。6紅しょうがを添える。

鯛の塩焼き弁当

焼き魚はお弁当のおかずになるか

鯛の塩焼きのうまみ+白いご飯のうまみは至福

お弁当に入っている魚というと……塩鮭の焼いたの、ぶりの照り焼き、かじきのソテー、あじフライや帆立フライなどが思い浮かぶでしょうか。

中でも私がいちばん好きなのは、真鯛の塩焼きです。塩をふってただ焼いただけの白身のお魚を、白いご飯と一緒に口に入れると幸せを感じます。

鯛のうまみはすばらしい。そのうまみとほのかな塩気、ご飯の甘みが混じり合った味というのは……淡いんですよね。淡いけれど強いうまさ。海に囲まれた日本の滋味です。調味料で強い味つけをしないからこそ、しみじみ感じるおいしさです。ほぐしてご飯にのせても食べやすくてよいでしょう。

お弁当に入れる魚の塩焼きなら、鯛以外にはいさきもおいしいです。あじなら、一塩して焼くと、また別の青魚の味わいを楽しめます。

いわしも温かいうちなら塩焼きはおいしいですが、冷めたのがご飯にのっているのを想像すると、なんとなく嫌でしょう？　いわしなら蒲焼きにするほうが、お弁当にはだんぜんおいしいです。

要は、数時間たったときに食べておいしいかどうか。それをイメージすることが大事なのです。

時間がたつことで、おいしくなるおかずがあります

かぼちゃは味をつけて煮なくてもお弁当に入れられます、と74ページに書きました。れんこんも同じです。れんこんも「味をつけて煮ないといけない」と思い込んでいませんか？

ゆでただけでもいいのです。ゆでて、おかかじょうゆをさっとからめるだけでOK。3〜4時間たつと、おかかじょうゆの味がれんこんにしみて、煮物と似た味になっています。

朝から煮物をしようと思うと大変だけれど、おかかじょうゆであえるだけなら楽ですよね。ぜひお試しください。

大根の赤梅酢あえ
お弁当に赤い色を補いたいとき、梅干しを漬けたときにできる赤梅酢は本当に便利。大根をさっと漬けただけで、きれいな箸休めができます。

鯛の塩焼き
鯛の切り身に塩をふって焼いただけ。これがご飯に実によく合う。

ご飯

れんこんのおかかじょうゆ
ゆでたれんこんに、おかかじょうゆをまぶします。時間がたつうちにおかかじょうゆの味がしみて、おいしく食べられます。

かぼちゃのメープル煮
黄色い色が入ると、お弁当が明るく見えます。しょうゆ味のおかずがほかにあるので、これは塩味で。色と味のバランスをかぼちゃが担ってくれました。

鯛の塩焼き

材料　1人分

真鯛の切り身　1切れ
粒子の細かい塩　適量
粒子の粗い塩(粗塩)　適量

1　真鯛はバットに重ねた角ざるにのせ、塩(素材になじみやすい粒子の細かい塩)を全体にふって、しばらくおく。このとき、ざるを斜めにしておくと、塩をすることで魚から出る余分な水分が落ちやすい。
2　1の水気をペーパータオルで軽く押さえて、全体に塩(食べたときに塩粒が感じられる粗塩など)をふる。
3　焼き網や魚焼きグリルで、皮目にこんがりと焼き色がつくまで焼く。角ざるにのせて熱を取る。

れんこんのおかかじょうゆ

材料　1人分

れんこん　1cm厚さの輪切り3切れ
太白ごま油　少々
削り節　適量
しょうゆ　小さじ1

●事前にできること
1　れんこんは酢少々(材料外)をたらした湯でやわらかくゆで、冷まして冷蔵庫に入れておく。
●当日
2　フライパンを温めて油をひき、れんこんを並べる。れんこんを軽く温めながら、しょうゆをたらし、削り節を加える。
3　れんこんにおかかじょうゆをからめる。

かぼちゃのメープル煮

材料　作りやすい分量
かぼちゃ　1/4個
塩　小さじ1/3〜1/2
メープルシロップ　大さじ2 1/2〜4
　＊または砂糖　大さじ2〜3
水　大さじ2〜3

1　かぼちゃは種とワタを取り、皮つきのまま3〜4cm角に切る。
2　かぼちゃを無水鍋に入れ、塩とメープルシロップ(または砂糖)、水を加える。塩とメープルシロップの分量は好みで。かぼちゃにこれぐらいの味がついたらおいしい、と自分で感じる味つけにする。
3　**2**を10分ぐらいそのままおいて、しっかりふたをして煮る。弱火で8〜10分焦がさないように煮る。かぼちゃがやわらかくなったらふたを取り、汁気を飛ばすように煮る。

大根の赤梅酢あえ

材料　作りやすい分量
大根　5cmぐらい
赤梅酢　適量

○事前にできること
1　大根は皮をむき、2cm角ぐらいのコロコロに切る。
2　ボウルに赤梅酢を入れて、大根を1時間ほど漬ける。 あまり漬けすぎると塩辛くなりすぎるので、きれいな色がついたら取り出し、ボウルなどに移して冷蔵庫に入れておく。盛りつけるときに汁気をペーパータオルで取る。

おむすび弁当

うちのスタンダード。この組み合わせが好きです

おむすびは塩むすびで

おむすび、卵焼き、青菜の海苔しょうゆあえ、豆みそ……私にとって、とてもオーソドックスなお弁当です。本当にいつも食べているものばかり。

うちのおむすびは塩むすび。中に何も入れません。そのほうが、お米のおいしさをよく味わえると思うのです。ほのかに塩がついた冷めたご飯というのは、どうしてこんなにおいしいんだろう、と食べるたびに思います。

具を入れない代わりに、塩むすびと一緒に食べたいおかずを添えるのがわが家流。メープルシロップとお酒を入れる甘い卵焼きは、うちの十八番です。しょうゆを吸わせた海苔と一緒に食べる青菜もそう。いって、みそをからめる豆みそも、昔から作っている常備菜です。

同じ献立を大きなお皿に盛り合わせて、人が来るときにお出しすることもあります。味、色、食感のバランスがとれた、文句なしのおいしさの組み合わせだから、お弁当にもおもてなしにもいいのです。

斜めに詰めたっていいじゃない？

おむすびを二つ作って、楕円形のお弁当箱に入れようとしたら……横に二つは並ばないし、縦に二つ並べると変な空間ができてしまう。でも斜めに並べれば、おむすび二つがきっちり収まりました。

そうなると、スペースをとる卵焼きはおむすびの隣に斜めに入れて、左右(上下かな？)の端に青菜と豆みそを詰めることになります。

それで写真のとおり、おむすびもおかずも、結果的に斜めに詰めることになりました。詰めるものとお弁当箱と向き合っていると、手が自然に収まる場所を教えてくれます。結果、これは斜めに詰めることになりました。

このお弁当は主役がおむすびですが、おかずが主役のときは、まずはそのおかずの収まりがいいようにお弁当箱に詰めます。次に間を埋めるように、副菜を詰めます。すると真ん中にスペースができたので、そこにご飯を詰める……ということもします。お弁当箱の真ん中にご飯が入ることもあるのです。

うちのお弁当は、ご飯が片端にきちんと入っているとは限らない。お弁当箱の中で動きにくくて(偏りにくくて)、見た目がおいしそうなら、どこに何を詰めたっていいんじゃない？　そう思います。

月桃

殺菌作用のある葉が、沖縄では昔から月桃餅に使われているそうです。お庭の葉っぱなどは、食用に使える葉かどうか、よく確認してから使いましょう。

鶏そぼろ入り卵焼き

うちの卵焼きは酒とメープルシロップたっぷりで作ります。これは鶏そぼろを入れたアレンジバージョン。

塩むすび

丸と三角です。楕円のお弁当に斜めに入れたら、ぴったり収まりました。

豆みそ

本当に昔からずっと作っている常備菜。一晩水に浸した大豆をゆでずに、ポリポリと食べられるぐらいにいりつけて、みそをからめます。香ばしく歯ごたえよく、みそだからご飯に合う。お弁当にも酒の肴にもぴったり。味つけに決まりはなくて、甘くしたいときは甘い調味料を加えます。油をひかずに大豆をいって、しょうゆをからめてもいいし、塩だけの味つけもおすすめです。

小松菜の海苔しょうゆあえ

海苔にしょうゆ少々を吸わせて、小松菜とあえる。ふだんの食事でもよくやっている、青菜のおいしい食べ方です。水気も出にくいです。

鶏そぼろ入り卵焼き

材料　作りやすい分量

卵　２個
酒　大さじ２
メープルシロップ　大さじ１½
塩　少々
鶏そぼろ(80ページ)　大さじ３ぐらい
太白ごま油　適量

1　ボウルに卵を溶きほぐし、酒、メープルシロップ、塩を加え混ぜる。鶏そぼろを加えて混ぜる。ここで味見をして、足りなければ調味料を加え、好みの味にする。

2　直径20cmぐらいの小さいフライパンを、中火で温める。フライパンが温まったら油をしっかりめにひき、**1**の卵液の⅓量を流す。

3　菜箸で大きくかき混ぜながら、フライパンを火から離しながら火加減の調節をし、半熟状にする。

4　半熟状の卵をフライパンの向こう側に寄せて、鍋肌が乾いた感じになっていたら油を足し、空いたところに残りの卵液の½量を流す。

5　フライパンを傾けて、先に焼いた卵の下にも卵液を流す。菜箸で混ぜながら、かなり浅い半熟の状態で卵をひとつにまとめてフライパンの向こう側に寄せる……を繰り返す。外側は固まっているけれど、まだ中は半熟でやわらかいかもしれない……ぐらいのタイミングで火を止める。

6　火を止めたフライパンの上に１～２分置いたままにして、余熱で火を通す。フライパンから卵を下ろし、そのまま冷まして熱を取る。

小松菜の海苔しょうゆあえ

材料　作りやすい分量

小松菜　½束
海苔　１枚
しょうゆ　少々

●事前にできること

1　小松菜を洗い、根元に十文字に切り込みを入れて、冷水につけてシャキッとさせる。

2　熱湯に塩(材料外)を入れて、小松菜を歯ごたえよくゆで、冷水にとる。水気をぎゅっと絞り、食べやすい長さに切って冷蔵庫に入れておく。

●当日

3　小松菜の水気をもう一度絞って、食べやすい長さに切る。

4　バットかボウルに海苔をちぎって入れ、しょうゆをたらし、海苔にしょうゆを吸わせる。

5　小松菜の水気をもう一度絞って、**4**に入れてあえる。

常備菜 豆みそ

材料　作りやすい分量

大豆　½カップ
太白ごま油　適量
みそ　小さじ２
メープルシロップ　小さじ１
　＊みりん、はちみつでもよい

1　大豆はたっぷりの水に浸して、冷蔵庫に一晩おく。

2　鍋を温めて油をひき、水気をきった大豆を入れる。中火でよく炒めて、ポリポリと歯ざわりよく食べられるぐらいになったら、みそとメープルシロップを加えてあえる。みそがちょっと焼き色がつくぐらいにいればできあがり。冷蔵庫で約10日間保存可能。

塩むすび

炊きたてのご飯を塩むすびにする。ひとつは丸く、ひとつは三角に結ぶのも楽しい。おむすびを最初に、次に卵焼きを隣に詰める。

きのこといりこの炊き込みご飯弁当

秋冬に必ず作る、とびきり美味などご飯

いりこの魅力を再認識。いりこはすごい！

西ではいりこ、東では煮干し。だしをとるための、さっと煮て干して乾燥させた片口いわしのことです。私は関東出身ですが、瀬戸内海産の良質ないりこを愛用しているせいか、「いりこ」と呼んでいます。「いりこ」の響き、なんだかおいしそうでしょう？

おみそ汁は水出しのいりこだしに限ります。おだしをとるのに使うのはもちろんのこと、良質ないりこは食べてもおいしいのです。特に炊き込みご飯はおすすめです。

きのこ、いりこ、昆布、油揚げの組み合わせを、ぜひ試していただきたいです。「こんなにきのこが入るの？」と驚くぐらいたっぷりのきのこを入れても、炊き上がるとそれほどでもない量に見えるから不思議。きのこの水分＝うまみをご飯が吸って、きのこのかさが減ります。

そして、作ってみればおわかりになると思いますが、いりこのきき方が尋常ではないです。いりこの力はすごい。ここまでうまみが出るのはすごいな、と思います。いりこを入れずにこの炊き込みご飯を作ると、物足りない感じです。

冷めてもおいしいのでお弁当にも向きます。ただし、いりこを筆頭に、うまみの出るものばかりが入る炊き込みご飯ですので、くれぐれも暑い日には持っていかないように。栄養がたっぷりすぎて傷みやすいからです。

半端なにんじんが生きるお弁当のおかず

にんじんがちょっとだけ半端に残ることってありませんか？　煮物や炒め物やあえ物に、赤い色は少し入るときれいだけれど、入れすぎると逆効果。だから1本使いきれなくて、少し残ったにんじんが冷蔵庫に入っていることがままあります。そういうときは「あれを作ろうかな」と。お弁当のおかずにぴったりの、にんじんのたらこ炒めです。

にんじんは細切りにします。半端に残っていた元の状態によって、太さがまちまちだったりしますが、それで結構。太白ごま油で炒めて、火が通ったらほぐしたたらこを加えてからめるだけ。ずいぶん昔に知人から教えてもらったお料理ですが、こういう何気ないものが、お弁当作りに本当に役立ちます。

きのこといりこの炊き込みご飯

身がぴんと張って青銀色に光る、良質ないりこ（おいしいいりこ）で作りましょう。いりこは頭を取り、半分に割ってワタと骨を取り除きます。だしをとるときは骨つきでいいですが、ご飯に骨が入って、食べたときにのどに引っかかったりすると大変。ていねいに取り除いてください。空気がひんやりする季節の、しみじみとおいしい炊き込みご飯。よそでは食べられません。

きゅうりとしょうがの古漬け

きゅうりのぬか漬けは斜めに切るばかりでなく、ごく薄切りにすると、また違う味わいになります。ほかのぬか漬けも同じように薄切りにして合わせると、みずみずしいサラダみたいな一品に。

野ぶどうの葉

庭に生えている野ぶどうの葉っぱを仕切りに使いました。少し紅葉しているようで秋の風情です。葉っぱそのものは食べられなくても、仕切りには果物などの葉が向くように思います。

にんじんのたらこ炒め

にんじんの甘さと、たらこの塩気がよく合います。何気ないおかずですが、これがあるのとないのとでは大違い。にんじんの赤が、地味な色合いのお弁当のアクセントに。

A

B

C

きのこといりこの炊き込みご飯

材料　作りやすい分量

米　3合
生しいたけ　12個ぐらい
しめじ　1パック
いりこ　ふたつかみ
だし昆布　5cm長さ1～2枚
油揚げ　2枚
酒　大さじ1
しょうゆ　大さじ½
塩　小さじ1弱

1　米は炊く30分以上前にとぐ。

2　しいたけは石づきを切り落とし、縦に4等分に切る。しめじは根元を切り落としてほぐす。

3　いりこは頭を取って身を二つにさき、はらわたと骨を取り除く→A。

4　油揚げは適当な長さに切って、細切りにする→B。

5　炊飯器に米を入れ、目盛りどおりに水加減する。酒、しょうゆ、塩を加えて混ぜ、味見をして好みの味に調える。味つけはお吸物くらいにするとおいしく炊ける。

6　いりこ、だし昆布、油揚げとだしが出るものを先に入れ、上にきのこをのせて、きのこでふたをする感じにする→C。炊飯器のふたをして普通に炊き上げる。

7　蒸らしまで終わったら、大きなボウルや盤台にあけて、しゃもじでさっくり混ぜる。冷ましてからお弁当箱に詰める。

にんじんのたらこ炒め

材料　2人分
にんじん　½本ぐらい
たらこ　½腹
太白ごま油　大さじ½ぐらい

1　にんじんは皮をむき、4㎝ほどの長さの細切りにする。太いところと細いところが混ざってかまわない。
2　たらこをほぐす。
3　フライパンを温めて油をひき、にんじんを入れる。中火でよく炒めて、にんじんに火が通ったら、たらこを加え、へらで崩しながら炒めて、にんじんと炒め合わせる。

きゅうりとしょうがの古漬け

古漬けの場合は、薄切りにしてから水にさらして塩分を少し抜き、水気を絞る。混ぜ合わせて、水気を絞ってお弁当箱に入れる。

パスタ弁当

少しやわらかめのショートパスタがいいのです

ショートパスタなら前の日から仕込んでおけます

スパゲッティなどのロングパスタは、冷めると固まって食べにくいし、やはり家で作りたてを食べたいです。お弁当におすすめなのはショートパスタです。冷めてもおいしいし、それに前日に仕込んでおけます。

前日に5分ゆでて、ゆで湯をそのままとっておき、翌朝ガーッと強火でゆで湯を沸騰させて、下ゆでしたショートパスタを2～4分ゆでます。これで充分にやわらかくなるのです。

ショートパスタは普通にゆでれば14分ぐらいかかるし、冷ましてからお弁当箱に入れるので、朝の忙しい時間に最初から作るのは大変。その点、「前日5分＋当日2～3分」のゆで方なら、かなり時短ができます。

もうひとつ大切なこと。お弁当に持っていくショートパスタは、ちょっとやわらかめにゆでてください。冷めるとかたくなりますから、それを見越してやわらかめに。そのほうが絶対においしいです。お弁当にアルデンテは禁物。

いろいろなパスタを混ぜるのも楽しい

食べやすいショートパスタは、子どもたちも大好き。マカロニ、ペンネ、シェル形、巻きねじ形のフジッリなどなど、ショートパスタにはいろいろな種類があって、見た目もかわいらしいのでお弁当によく使いました。

あるとき、半端に残ったショートパスタを取り混ぜて、同じソースで食べてみたら、食感が違って楽しいことを発見。お弁当にも向きます。

シンプルなトマトソースで、まずは試してみてください。トマトソースは、トマトの水煮缶や、パッサータという市販のトマトの水煮を鍋に入れて、弱火でとろんとするまで煮詰めるだけ。味をつけずに作り、小分けにして冷凍しておくと重宝です。

温め直すときに塩で味をつけたり、ハーブやスパイスを加えたりして、好みの味にします。子ども向けならハムやソーセージを加えても。やわらかめにゆでたショートパスタをソースであえて、お弁当箱に詰めます。マヨネーズでもおいしいです。

ツナとオリーブと
トマトのサラダ

パスタがコクのあるクリームソースなので、サラダはオリーブオイルでさっぱりと。レモンを搾って食べると、いっそうさわやかです。

しいたけの
クリームパスタ

クリーム系のソースに、しいたけの香りは不思議とよく合います。私の好きな組み合わせ。おすすめです。

A

B

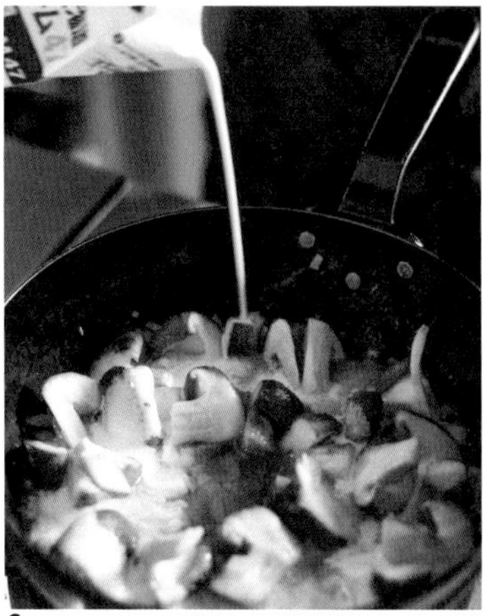

C

しいたけのクリームパスタ

材料　2人分
ショートパスタ(マカロニ、ペンネなど)　140g
玉ねぎのみじん切り　大さじ2
生しいたけ　5個
ブロッコリー　¼個
バターとオリーブオイル　各大さじ1
白ワイン　大さじ2
生クリーム　大さじ4
塩　適量
パルミジャーノ・レッジャーノ　大さじ3ぐらい

◯事前にできること

1　ブロッコリーを小房に分けて、茎の皮をはがすようにむく。

2　鍋に湯を沸かし、なめてしょっぱいと思うぐらいに塩を入れる。ショートパスタとブロッコリーを入れて、ブロッコリーにほどよく火が通ったところで取り出す。パスタは5分ゆでてざるに上げ、オリーブオイルをまわしかける。それぞれ熱が取れたら、冷蔵庫に入れる。ゆで湯はそのままとっておく。

◯当日

3　パスタのゆで湯をもう一度沸かし、下ゆでしておいたショートパスタを2〜4分やわらかめにゆでてざるに上げる。

4　しいたけはかたい部分を切り落とし、軸をつけたまま縦に4等分に切る。

5　フライパンを温めてバターとオリーブオイルを入れて、玉ねぎのみじん切りを炒める→A。玉ねぎがうっ

D

E

F

すら色づいたらしいたけを入れ、白ワインをふって→B、強めの中火で炒める。

6　生クリームを加え→C、パスタを加えて→D、中火で煮込む。味をみて塩で調える。

7　パスタとソースがよくなじんだらパルミジャーノ大さじ２ぐらいをすりおろして加え、ブロッコリーを加えて→E、ブロッコリーが軽く温まったら火から下ろしてバットに移す。温かいうちにパルミジャーノを好みですりおろす→F。冷ましてからお弁当箱に詰める。

ツナとオリーブと
トマトのサラダ

材料　２人分

ツナ缶（ソリッド）　大½缶
玉ねぎの薄切り　¼個分
オリーブ（グリーン、ブラック）　適宜
ミニトマト　４～５個
ケイパー　小さじ１
オリーブオイル　大さじ１
塩、こしょう　各適量
レモンのくし形切り　２切れ
バジル　少々

1　ツナは缶汁をきり、軽くほぐしてボウルに入れる。

2　1に玉ねぎ、オリーブ、半分に切ったトマト、ケイパーを入れ、オリーブオイルをまわしかけ、塩、こしょうを加えてあえる。お弁当に詰めるときにレモンとバジルを添える。

蒸しパン弁当

ご飯を炊くよりも早くできます

子どもにも、大人にも、アレルギーのある人にも

子どもたちが小さかった頃、蒸しパンをよく作っていました。蒸しパンはとっても簡単。5分あればできちゃう。ご飯を炊くよりも早いです。それにバリエーションが無限です。

粉とベーキングパウダーと水分を混ぜて、蒸せば蒸しパンができます。

粉＝小麦粉、米粉、大麦粉など。水分＝卵、牛乳、水、ヨーグルト、生クリーム、溶かしバター、オリーブオイルなど。小麦粉がNGな人は米粉や大麦粉で作ればいいし、卵や乳製品がNGなら水やオリーブオイルで作ればいいのです。

トッピングや中に入れるものも自由です。蒸したかぼちゃやさつまいもをトッピングしてもいいし、ジャム、チーズ、サラミ、残りもののドライカレーを中に入れて蒸してもいい。甘いのもしょっぱいのも作れます。小麦粉に抹茶やココアを混ぜてもいいですね。いろいろに楽しんでください。

ロールサンドもよく作りました

子どもたちが幼い頃に、朝ごはんやお弁当の定番だったのがロールサンド。最近、ある本で紹介したところ、「あれ、いいですね」「すごくおいしい」と大人たちにも好評なのです。

作り方はいたって簡単。アルミ箔を帯状に細長く切って、まな板に縦に置き、アルミ箔の真ん中にサンドイッチ用の食パン（耳は切り落とす）1枚をのせます。トマトケチャップを中心に適量塗り、長いソーセージ1本をのせて、手前からアルミ箔ごとくるくると巻きつけます。これをオーブントースターで焼き目がつくまで焼けばできあがり。

アルミ箔をはがしながら頬張るのですが、アルミ箔の帯から出た部分はパンがカリッと香ばしく、アルミ箔を巻いた中心はふんわりやわらか。これがおいしいのです。

前の晩に巻いて冷蔵庫に入れておき、翌朝に焼けばいいのでお弁当作りもらくちん。前夜にカレーを作ったら、汁気をぬぐったカレーの具をパンできっちり巻いて同様にロールにしても。このときはパンにバターを塗ります。

ゆでた
スティックセニョール

鮮やかな緑が入ることで、見た目にかわいくて食べておいしいお弁当の完成。スティックセニョールは手でつまんで食べられるのも魅力です。

ウインナーの
ベーコン巻き

甘い蒸しパンに、ベーコンの塩分が合うのです。

蒸しパン
（りんご／黒豆）

ほんのり甘い生地に、りんごの酸味や黒豆の食感でアクセントをつけて。

蒸しパン(りんご／黒豆)

材料　4個分

〈生地〉

　薄力粉　80g

　ベーキングパウダー　小さじ1

　砂糖　大さじ1強

　卵　1個分

　牛乳　大さじ1½

りんご　½個

レモン汁　少々

黒豆(作り置き、または市販品)　12個ぐらい

●事前にできること

1　りんごは皮をつけたまま食べやすく切り、レモン汁をまぶす。黒豆は汁気をきっておく。

●当日

2　薄力粉とベーキングパウダーをふるい合わせてボウルに入れ、砂糖を加える。泡立て器で混ぜながら、卵と牛乳を合わせて加え、よく混ぜ合わせる。

3　プリンカップに製菓用のペーパーカップを重ねて入れ、**2**の生地を流し入れる。

4　二つの生地にりんごを少し埋め込むようにして入れる。黒豆も同様にする。

5　湯気の上がった蒸し器に4をすべて入れて、ふたをして蒸す。真ん中を竹串で刺してみて、何もついてこなければ蒸しあがり。トータルで5～6分で蒸しあがる。

6　蒸し器から取り出して冷まし、完全に冷めたらプリンカップから出してお弁当箱に入れる。

ウインナーのベーコン巻き

材料　1人分
ウインナーソーセージ　3本
ベーコン　3枚
スティックセニョール　3房
塩　少々

1　スティックセニョールは塩ゆでして、冷ましておく。お弁当に入れるときに軽く塩をふる。
2　ベーコンでウインナーを巻く。
3　小さなフライパンを温めて、2を巻き終わりを下にして入れる。ベーコンに焼き色がつくように転がしながら焼く。

〈秋のお弁当〉

混ぜご飯弁当

すぐにできる「秋らしさ」の作り方

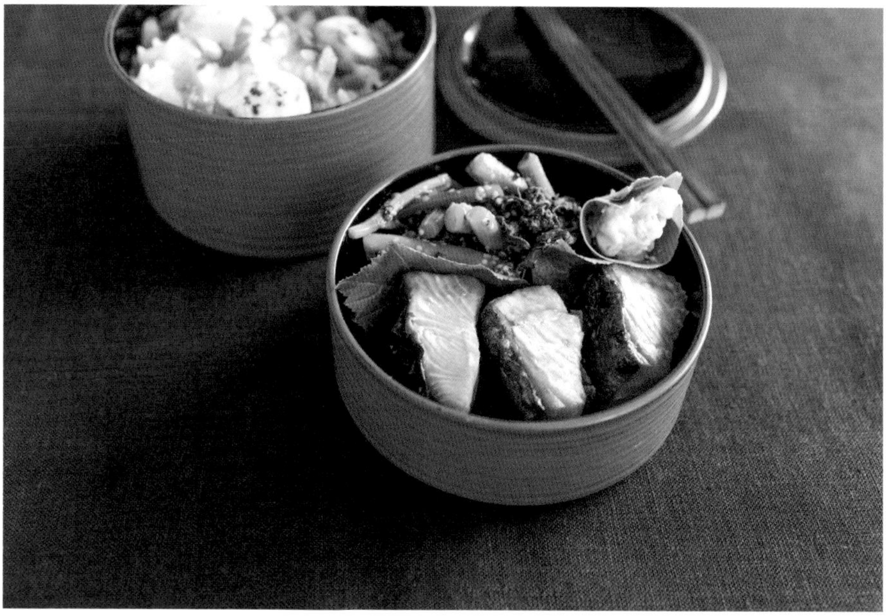

根菜の混ぜご飯は"冷凍麺つゆ"で

秋の気配を感じたら、秋らしいお弁当を作りたくなります。根菜がおいしくなる季節ですので、ごぼうとにんじんの混ぜご飯を作りましょう。

ささがきにしたごぼう、細く薄く切ったにんじん、油揚げを麺つゆでさっと煮て、汁気をきって、炊きたてのご飯に混ぜるだけ。うちでは麺つゆは多めに作って冷凍してあります。これを使えば簡単です。

もどした干ししいたけやかんぴょうを一緒に煮て、ご飯に混ぜてもいいですね。畑のものだけで作るひなびた味わいの混ぜご飯は、空気が澄んで冷たくなってくる季節にしみじみとおいしい。実りの秋を感じさせてくれます。

焼き栗は"甘露煮"で

そして、秋といえば栗。なのですが、栗の鬼皮と渋皮をむくのは一苦労。日常のお弁当なら、瓶詰めの甘露煮で充分おいしい。

市販の栗の甘露煮を私はよく使います。栗のまわりについた甘いシロップを洗い落として、網焼きすると……甘露煮の甘ったるいイメージが一新されます。ちなみに洗った甘露煮はミルクで煮てもおいしいです。栗の甘露煮は国産を使いましょう。

もちろん栗の甘露煮は常備しておけます。お弁当に甘い味と黄色を入れたいときに便利な食材です。

春菊は"マスタードじょうゆあえ"で

秋から冬にかけておいしくなる青菜。香りのいい春菊も旬を迎えます。おひたしにしても、あえ物にしてもいいのですが……たまには違う味の青菜のおかずにしたいですね。

少し趣向を変えてマスタードじょうゆあえ、おすすめです。辛みがまろやかで少し酸味がある粒マスタードは、和の味つけにも使えて、しょうゆとも相性よし。いんげんもほうれん草もブロッコリーもアスパラガスも、マスタードじょうゆがよく合います。お試しください。

わさび漬け
味の引き締め役が欲しいので、市販のわさび漬けを。庭のレモンの葉っぱをくるりと丸めて、カップにしました。

春菊といんげんのマスタードじょうゆあえ
粒々が見えるので「ごまあえ？」と思いきや、これは粒マスタードあえ。しょうゆとマスタードは合います。青菜のおかずの変化球。

ごぼう、にんじん、油揚げの混ぜご飯
麺つゆで煮た甘辛味の根菜を、炊きたてのご飯に混ぜます。心身がほっとするおいしさです。

焼き鮭
秋を代表する魚といえば鮭。甘塩鮭をこんがりと網焼き。

焼き栗
市販の栗の甘露煮を使いましょう。シロップを洗い流して、網で焼くだけで、なんだか豊かな顔つきに。

ごぼう、にんじん、油揚げの混ぜご飯

材料　2人分
ごぼう　細め½本
にんじん　小½本
油揚げ　1枚
麺つゆ　適量
温かいご飯　2人分

◘事前にできること

1　ごぼうはたわしで洗い、皮つきのままささがきにして、水にさらし、水気を絞る。
2　にんじんは皮をむいて薄切りにし、3㎝ほどの長さに細く切る。油揚げは短辺を半分に切って、細切りにする。
3　麺つゆは冷凍を使う場合は、鍋に移して温める→**A**。
4　**1**と**2**を鍋に入れて、麺つゆをひたひたよりもやや多めに入れ、火にかける。煮立ったら弱火にして野菜がやわらかくなるまで煮る→**B**。
5　汁気をきってバットに移し、冷蔵庫に入れておく。

◘当日

6　ご飯を炊いてボウルに移し、作っておいた具材を適量加えて箸で混ぜる→**C**。

A

D

B

C

焼き栗

市販の栗の甘露煮を水で洗い、シロップを洗い流す。水気を拭いて焼き網で、表面に焦げ目がつくように焼く→**D**。混ぜご飯の上にのせる。

焼き鮭

塩鮭の長さを半分に切り、焼き網やグリルでこんがりと焼く。

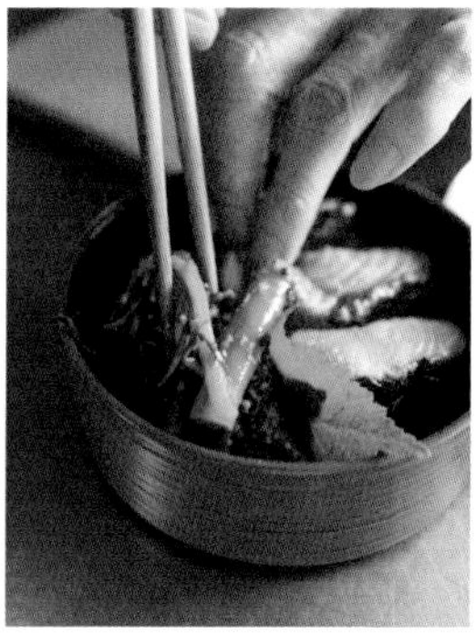

春菊といんげんのマスタードじょうゆあえ

材料　2人分
春菊　½束
いんげん　3〜4本
粒マスタード　大さじ½
しょうゆ　小さじ⅔

1　鍋に湯を沸かして塩少々を入れ、春菊を根元から入れてゆでる。冷水にとって、すぐにざるに上げ、水気を絞る。
2　**1**のゆで湯でいんげんをゆで、ざるに上げて冷ます。
3　春菊、いんげんを2.5cmほどの長さに切る。
4　ボウルに粒マスタードとしょうゆを混ぜ合わせて、いんげんを入れ、春菊の水気をもう一度しっかり絞って加え、あえる。

わさび漬け

レモンの葉を丸め、葉の端に茎を刺してカップに見立て、わさび漬けを入れる。

きつねご飯弁当

油揚げの甘辛煮を作り置くといいです

きつねご飯はおいしい

油揚げはよい食べ物だとつくづく思います。焼いてよし、煮てよし、炒めてよし。野菜ともひじきなどの海藻ともよく合って、味出しの役目をしてくれます。汁物にもいいし、それに白いご飯との相性も抜群です。

いなりずしは作るのに時間がかかるし、いなり用の油揚げはたくさん煮たほうがおいしいので、大勢で食べるときに作ります。その点、きつねご飯なら1人前でも作りやすいです。

きつねご飯というのは、刻んだ油揚げを甘辛く煮て、ご飯にのせたもの。きつねご飯が私はとても好き。ほっとする味だと思います。

白いご飯でもすし飯でも、どちらもおいしいです。すし酢は保存できるので、作って冷蔵庫に入れておけば、炊きたてのご飯に混ぜるだけで、1人前のすし飯がいつでもできます。

油揚げの甘辛煮も、冷蔵冷凍ができます。ふたつきの容器に入れて、冷蔵は2〜3日で食べきるのがいいです。冷凍なら1回分ずつ小分けにして。ご飯にのせるほか、卵とじにしてもおいしいです。

おぼろ昆布を常備しています

おぼろ昆布は上質の昆布をごく薄く削ったもの。私はおぼろ昆布が昔から好きです。ご飯におぼろ昆布をのせて、ご飯をくるんで食べるのが最高、と思います。昆布のうまみとかすかな塩味は白飯にも玄米にも美味です。

海苔ではなく、おむすびをおぼろ昆布で巻いたりもします。

みょうがとおぼろ昆布も実によく合います。みょうがの甘酢漬けも、おぼろ昆布も、常に家にあるので……みょうがをおぼろ昆布で巻いたおかずは私にとっては手軽にできる大好物。お酒の肴にもよいですし、本当においしいんですよ。

甘酢漬けみょうがの
おぼろ昆布巻き

みょうがを甘酢に漬けると、ほんのりピンク色になってきれいです。好みの甘酢の味で、いつも作り置いています。これをおぼろ昆布で巻くだけで、私好みのどんぴしゃりのおかずに。

しそ

仕切りにしそを使いました。とにかく仕切りは自然のもので。しそは食べられるし、何にでも合うので便利です。

きつねご飯

すし飯の上に、刻んで甘辛く煮た油揚げをたっぷりのせて。一緒に食べると、そう、おいなりさんの味です。

里芋の
メープルみそ焼き

お弁当には、最初から味をつけずに、野菜をただゆでたり蒸したりしておくのがおすすめです。里芋もれんこんもカリフラワーやブロッコリーも青菜も、ただ火を通すだけにしておけば、全体のバランスを見て、あとから味をつけられる。ここでは蒸しただけの里芋にメープルシロップとみそを混ぜたものを塗って、さっと網焼きしました。みその焦げた味がたまりません。

常備菜 油揚げの甘辛煮

作り置きの麺つゆにみりんやメープルシロップなどで味を調えれば、より手軽に作れます。

材料　作りやすい分量

油揚げ　4枚
酒　大さじ6
みりん　大さじ6〜8
しょうゆ　大さじ4
だし汁　大さじ4

1　鍋にたっぷりの湯を沸かし、油揚げを箸で湯の中に沈ませて、6〜7秒ゆでる。角ざるに上げて湯をきる。
2　油揚げの熱が取れたら、両手ではさんでぎゅっと水気を絞り、短辺の端から細切りにする。
3　鍋に油揚げを入れ、酒とみりんを入れて強火にかける。アルコール分が飛んだら、しょうゆ、だし汁を加え、再び沸いたら弱火にして、煮汁がほんの少し残る程度に煮る。火を止め、そのままおいて味を含ませる。

きつねご飯

材料　1人分

油揚げの甘辛煮　適量
すし飯　1人分
〈すし飯／作りやすい分量〉
米　2合
米酢　60mℓ
砂糖　大さじ1½〜2
＊またはメープルシロップ　大さじ2〜2½
塩　小さじ½

●事前にできること

1　米酢、砂糖(またはメープルシロップ)、塩を混ぜ合わせてすし酢を作る。清潔な瓶などに入れて、冷蔵庫で長期保存が可能。

●当日

2　ご飯を炊いてボウルに移し、炊きたての熱いうちにすし酢適量をまわしかける。しゃもじで切るように混ぜる。
3　**2**が冷めたらお弁当箱に詰めて、上に油揚げの甘辛煮をのせる。

常備菜 甘酢漬けみょうが

材料　作りやすい分量
みょうが　7〜8個
〈甘酢〉
　塩　小さじ½
　米酢　大さじ3
　メープルシロップ　大さじ1
　　＊または砂糖　小さじ2

1　甘酢の材料をボウルに入れて、よく混ぜる。砂糖を使う場合は鍋に入れて軽く煮溶かす。
2　湯を沸かし、みょうがをさっと湯にくぐらせ、水気をきって**1**に入れる。清潔な保存瓶に漬け汁ごと移す。

甘酢漬けみょうがのおぼろ昆布巻き

甘酢漬けみょうがの水気をペーパータオルで取り、おぼろ昆布で巻く。

里芋のメープルみそ焼き

材料　1人分
里芋　小2個
メープルシロップ　小さじ1強
みそ　小さじ1強

●事前にできること
1　里芋は蒸して皮をむき、冷凍しておく。使う前日に冷蔵庫に移して自然解凍する。
●当日
2　メープルシロップとみそをボウルに混ぜ合わせる。
3　里芋を指で押して少しつぶし、平らになった両面にメープルみそを塗る。
4　焼き網やグリルで、みそに焼き色がつくまで焼く。

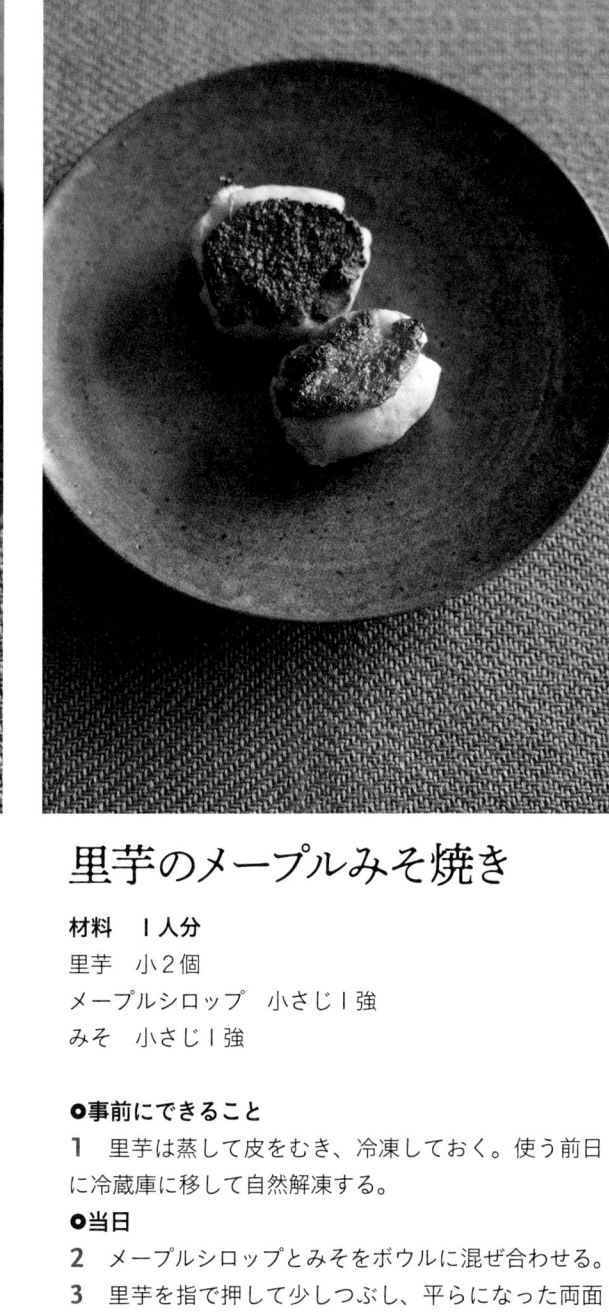

索引

肉のおかず

魚介のおかず

卵のおかず

ご飯物

パン類

麺類

野菜のおかず

常備菜

甘味

有元葉子
Yoko Arimoto

家族の食事、お弁当、毎日欠かさずのおやつ作りに執心した主婦時代を経て、料理研究家に。ちゃんと食べること、楽しく作ることの大切さを書籍や雑誌などで提案する。『レシピを見ないで作れるようになりましょう。』(SBクリエイティブ)のシリーズ、『有元葉子の「和」のお弁当』(東京書籍)、『ひとりを愉しむ食事』(文化出版局)など著書は100冊を優に超える。『生活すること、生きること』(大和書房)などのエッセイも人気。

ブックデザイン　若山嘉代子 L'espace
撮影　竹内章雄
スタイリング　千葉美枝子
校閲　山脇節子
ＤＴＰ　佐藤尚美 L'espace
編集　白江亜古
　　　浅井香織(文化出版局)

プリンティングディレクター　杉浦啓之(TOPPAN)

有元家のお弁当

2024年２月４日　第１刷発行
2024年３月19日　第２刷発行

著　者　有元葉子
発行者　清木孝悦
発行所　学校法人文化学園 文化出版局
〒151-8524　東京都渋谷区代々木３-22-1
電話03-3299-2565(編集)
03-3299-2540(営業)
印刷所　TOPPAN株式会社
製本所　大口製本印刷株式会社

文化出版局のホームページ　https://books.bunka.ac.jp/